Rezepte für jeden Tag

Schnelle Küche

fertig in 10-20-30 Minuten

Super-Quickies: 10-Minuten-Rezepte ab S. 4

Powerfrühstück, raffinierte Aufstriche, tolle Snacks, knackige Salate und vieles mehr

Easy Blitzgerichte: 20-Minuten-Rezepte ab S. 48

Suppen für alle Jahreszeiten, beste Pasta, Sandwiches und Wraps ... alles quick & easy

Gut zu wissen

Super-Quickies: 10-Minuten-Rezepte

Das Zauberwort: Organisation

Tabula rasa in der Küche

Effektives Kochen geht nur in einer sinnvoll ausgestatteten Küche. Alles Unnütze und Überflüssige muss weg! Bleiben darf nur, was notwendig und nützlich ist. Und das wird wie in der Profiküche am besten in Griffweite platziert.

Bloß nichts vergessen!

Klingt spießig, macht aber Sinn: am Wochenende Listen schreiben. Und zwar in dieser Reihenfolge:

1. Liste der geplanten Gerichte
2. Liste der dafür benötigten Zutaten
3. Einkaufsliste (unterteilt in Zutaten auf Vorrat und frische Zutaten)

Familienspaß

Lassen Sie die Kleinen ihre Essenswünsche beispielsweise auf Kärtchen schreiben oder malen – die Wünsche können zum Schluss ausgelost werden. Oder bitten Sie den Nachwuchs um Hilfe beim Schreiben (oder Malen) der Einkaufslisten.

Superpraktisch: spezielle Einkaufs-Apps fürs Handy

So werden Sie zum Checker:

Was kommt zuerst?
Alle Rezepte vorher genau durchlesen, in Gedanken nachkochen und dabei die Arbeitsschritte planen:
- Was muss vorbereitet werden? Muss der Ofen vorgeheizt werden?
- Was wird zuerst getan, was kann parallel passieren?

Alles da?
Vor dem Kochen alle benötigten Zutaten und Arbeitsgeräte bereitstellen, dann geht's später ruck, zuck.

Wohin mit dem Müll und schmutzigem Geschirr?
Damit nichts im Weg steht, alles nach Gebrauch schnell säubern oder wegräumen. Eine große Schüssel für Küchenabfälle neben dem Arbeitsbrett spart den ständigen Gang zum Mülleimer.

Nettes Extra: die Mikrowelle
Zum Beispiel zum Schmelzen von Butter und Schokolade – und natürlich zum schnellen Auftauen von Tiefgekühltem.

Must-haves: unverzichtbare Küchenhelden

Gute und scharfe Messer

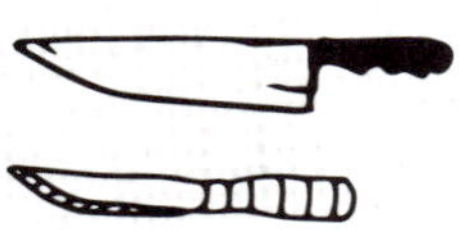

Der Gemüsehobel

Der Wasserkocher

Der elektrische Zerkleinerer oder der Stabmixer

Schicht für Schicht ein Hochgenuss

Kokos-Mango-Becher
mit Minze

FÜR 4 PERSONEN
ZUBEREITUNG: 5 MIN.

400 g körniger Frischkäse
150 g Kokosjoghurt
1 große Mango
2 TL Limettensaft
4 TL geröstete Kokoschips oder -raspel
4 Blätter Minze zum Garnieren

1. Den körnigen Frischkäse mit dem Kokosjoghurt in einer Schüssel verrühren.

2. Die Mango schälen, das Fruchtfleisch auf den flachen Seiten vom Stein schneiden und in Würfel schneiden. Den Limettensaft untermischen.

3. Die Frischkäse-Kokos-Creme im Wechsel mit den Mangowürfeln in vier Gläser schichten. Dabei mit Frischkäsecreme beginnen und enden. Die Becher mit den Kokoschips bzw. -raspeln bestreuen und mit je 1 Blatt Minze garnieren. Den Kokos-Mango-Becher sofort servieren.

Bunter Becher

Wer es farbenfroher mag, kann dazu noch Erdbeer- oder Melonenwürfel abwechselnd mit der Creme schichten.

Auch mit Roten Johannisbeeren lecker!

Knuspermüsli

mit Physalis und Pflaumen

FÜR 1 PERSON
ZUBEREITUNG: 5 MIN.

40 g Haferflocken
3 EL Quinoa-Pops
3 EL ungesüßte Cornflakes
20 g getrocknete Cranberrys
20 g gehackte Walnüsse
1 TL Leinsamen
1 kleine Banane
1 Handvoll Physalis
3 Pflaumen (ersatzweise anderes Obst der Saison)
200 ml Milch (ersatzweise Soja-, Mandel-, Hafer- oder Reisdrink)

1. Die Haferflocken mit Quinoa-Pops, Cornflakes, Cranberrys, Walnüssen und Leinsamen in einer Schüssel mischen.

2. Die Banane schälen und in dünne Scheiben schneiden. Die Physalis aus den Hüllblättern lösen, waschen und trocken tupfen. Die Pflaumen waschen, halbieren, entsteinen und klein schneiden.

3. Das Obst auf das Knuspermüsli geben und die Milch darübergießen. Nach Belieben mit etwas Honig süßen.

Müsli auf Vorrat

Am besten bereiten Sie von der trockenen Müslimischung gleich die zehnfache Menge zu und bewahren sie in einem gut verschließbaren Gefäß auf. So muss man morgens nur noch zugreifen. Auch am Arbeitsplatz ist dieses Frühstück ganz fix zubereitet. Das Obst dafür immer frisch von zu Hause mitbringen.

Je reifer die Erdbeeren, desto besser
BEERIG

Bircher Quark

mit Erdbeeren und Haselnüssen

FÜR 1 PERSON
ZUBEREITUNG: 10 MIN.

1 EL Haferkleie
1 TL geschrotete Leinsamen
100 g Magerquark
50 ml Milch
50 g Erdbeeren (ersatzweise Heidelbeeren)
6 Haselnusskerne

1. Die Haferkleie, den Leinsamen, den Quark und die Milch in einer Schüssel verrühren.

2. Die Erdbeeren putzen, waschen und vierteln. Die Haselnüsse hacken und in einer Pfanne ohne Fett anrösten.

3. Die Erdbeerviertel auf dem Bircher Quark anrichten und mit den Haselnüssen bestreuen.

Abwechslung gefällig?

Der Bircher Quark ist nicht nur ein leckeres Frühstück, sondern auch eine prima kleine Mahlzeit für zwischendurch und zum Mitnehmen. Statt Erdbeeren können Sie selbstverständlich jedes andere Obst verwenden – verarbeiten Sie, worauf Sie Lust haben und was Saison hat. Nicht geeignet sind Ananas und Kiwis – sie enthalten Substanzen, die den Quark bitter machen.

Lieblinge aus dem Mixer

Cremig, erfrischend, lecker und voller Vitamine! Sie sind genau das Richtige für alle, die sich auf die Schnelle, aber gesund mit viel frischem Obst und Gemüse ernähren wollen. Von A wie Ananas bis Z wie Zucchini ist alles erlaubt! Mixer, Küchenmaschine oder Stabmixer sind unentbehrlich.

Granatapfel-Beeren-Smoothie

mit Orangenblütenaroma

1. Von 1 Granatapfel den Stielansatz keilförmig mit einem Messer herausschneiden.

2. Den Granatapfel rundum andrücken und halbieren bzw. in der Mitte auseinanderbrechen. (Wenn für ein Rezept nur die Kerne benötigt werden, mit einem Löffel die Kerne herausklopfen.)

3. Saft von 1 Hälfte auspressen. 250 g kernlose Weintrauben und 350 g Beeren vorbereiten. 4 Orangen halbieren und auspressen. 2 Bananen schälen, in Scheiben schneiden.

4. Das Obst, die Säfte, 3 bis 4 EL Orangenblütenwasser und 16 Eiswürfel im Küchenmixer cremig pürieren. Den Smoothie in vier Gläser (à 250 ml) füllen und servieren.

Grüner Smoothie

mit Ananas und Avocado

FÜR 2 GLÄSER (À 250 ML)
ZUBEREITUNG: 10 MIN.

2–3 Handvoll Blattspinat, Grünkohl- oder Kopfsalatblätter
½ Ananas
½ weiche Avocado
2 Scheiben Bio-Zitrone
¼ l kaltes Kokoswasser
1 TL Chiasamen

1. Den Blattspinat, die Grünkohl- oder Kopfsalatblätter verlesen, waschen und abtropfen lassen. Die Ananas schälen und den harten Strunk herausschneiden. Das Ananasfruchtfleisch in grobe Stücke schneiden. Die Avocadohälfte schälen und den Stein entfernen.

2. Den Blattspinat, die Ananas, das Avocadofruchtfleisch, die Zitronenscheiben (mit Schale) mit dem Kokoswasser im Küchenmixer oder mit dem Stabmixer pürieren.

3. Den Smoothie auf zwei Gläser verteilen, die Chia-Samen daraufstreuen und den Smoothie sofort servieren.

Cashew-Erdbeer-Shake

mit Basilikum

FÜR 4 PERSONEN
ZUBEREITUNG: 5 MIN.

10 Basilikumblätter
125 g Cashewbruch
250 g TK-Erdbeeren · 1 Streifen Bio-Zitronenschale (ca. 2 × 1 cm)
½ l kalter Haferdrink
2–3 Medjoul-Datteln (ohne Stein) · Meersalz
2–3 frische Erdbeeren

1. Die Basilikumblätter waschen. Cashewbruch, TK-Erdbeeren, 6 Basilikumblätter, Zitronenschale, Haferdrink, Datteln und 1 Prise Salz in den Küchenmixer geben. Alles auf höchster Stufe 1 Minute glatt mixen. Den Shake auf Gläser verteilen.

2. Die frischen Erdbeeren waschen, putzen und in Scheiben schneiden. Die Cashew-Erdbeer-Shakes mit Erdbeerscheiben und restlichem Basilikum garnieren und sofort servieren.

Johannisbeer-Shake

mit Kokos

FÜR CA. 1 LITER
ZUBEREITUNG: 10 MIN.

250 g Schwarze Johannisbeeren
1 Blatt Aloe vera (8 cm lang)
6 EL Ahornsirup
½ l Kokosdrink

1. Die Johannisbeeren waschen, abtropfen lassen und mit einer Gabel von den Rispen streifen. Das durchsichtige Mark der Aloe vera aus der Blattrinde schneiden. Johannisbeeren, Aloe-vera-Mark, Ahornsirup, ¼ l Wasser und Kokosdrink in den Küchenmixer geben und zunächst auf niedriger Stufe, dann auf höchster Stufe so lange aufschlagen, bis alles fein gemixt ist. Die Kerne der Beeren bleiben bissfest.

2. Den Johannisbeer-Shake auf Gläser verteilen und nach Belieben auf Eis servieren und mit Kokoschips garnieren.

Streich-
fein

Beerenaufstrich
mit Chiasamen

FÜR 1 GLAS (250 ML)
ZUBEREITUNG: 10 MIN.

250 g gemischte reife Beeren (z. B. Erd-, Heidel-, Brom-, Him- und Johannisbeeren)
1–2 EL Agavendicksaft
½–1 TL Zitronensaft
1 EL Chiasamen

1. Die Beeren verlesen, waschen, falls nötig putzen, und mit den restlichen Zutaten in einen hohen Rührbecher geben.

2. Die Beeren mit dem Stabmixer oder in der Küchenmaschine fein pürieren. Den Aufstrich in ein sauberes, gut verschließbares Glas füllen und kühl stellen. Der Aufstrich hält sich im Kühlschrank 2 bis 3 Tage, im Tiefkühlfach ist er etwa 1 Monat haltbar. Er schmeckt besonders gut zu Pfannkuchen, auf Vollkornbrot, im Joghurt oder Brei.

Hauptsache fruchtig!

Diesen Aufstrich kann man aus den unterschiedlichsten Früchten zubereiten. Wichtig ist, dass die Früchte richtig reif sind, da der Aufstrich sonst wässrig schmeckt.

Dips und Aufstriche

Knackige Gemüsesticks oder Grissini ohne Dip? Lahm! Eine dicke Scheibe knuspriges Bauernbrot oder ein frisches Baguette ohne einen leckeren Aufstrich? Langweilig! Ob aus Gemüse, mit Fisch oder Milchprodukten – hier findet man für jede Gelegenheit eine Blitzlösung zum Dippen und Bestreichen.

Guacamole

mit Tomaten und Koriander

1. 2 Avocados halbieren und den Stein entfernen. Das Fruchtfleisch aus den Schalen lösen (mit einem Avocadoschneider oder Löffel), grob zerkleinern und in einen hohen Rührbecher geben.

2. 1 Limette halbieren und auspressen. Limettensaft und ½ TL Puderzucker zum Avocadofruchtfleisch geben und mit dem Stabmixer grob pürieren.

3. 1 Chilischote in feine Würfel schneiden. 150 g Tomaten vierteln, entkernen und in feine Würfel schneiden. 1 Bund Koriander waschen und grob hacken.

4. Chili, Tomaten und Koriander unter die Guacamole rühren. Mit Salz und Pfeffer würzen. Guacamole passt zu Weißbrot oder Tortillachips.

Feta-Aufstrich

mit Oliven und frischen Kräutern

FÜR 4 PERSONEN
ZUBEREITUNG: 10 MIN.

100 g Feta (Schafskäse)
100 g Frischkäse
2 EL gemischte Kräuterblätter (z. B. Oregano, Petersilie, Thymian)
1 EL Knoblauchöl (siehe Tipp S. 79)
4–5 trocken eingelegte schwarze Oliven
Salz · Pfeffer aus der Mühle

1. Den Feta grob zerkleinern, mit dem Frischkäse in einen hohen Rührbecher geben und mit dem Stabmixer fein pürieren.

2. Die Kräuter waschen, trocken tupfen und fein hacken. Dann mit dem Knoblauchöl unter die Käsemischung rühren.

3. Die Oliven entsteinen, sehr fein hacken und ebenfalls unterrühren. Den Feta-Aufstrich gegebenenfalls mit wenig Salz (der Käse ist bereits relativ salzig) und Pfeffer abschmecken.

Artischockencreme
mit Thunfisch

FÜR 1 PERSON
ZUBEREITUNG: 10 MINUTEN

50 g Artischockenböden
(aus dem Glas; im eigenen Saft)
2 EL Frischkäse
Salz · Pfeffer aus der Mühle
50 g Thunfisch (aus der Dose; im eigenen Saft)
1 TL Kapern

1. Die Artischockenböden trocken tupfen und sehr fein hacken oder mit dem Stabmixer pürieren. Den Frischkäse untermischen und die Masse mit Salz und Pfeffer würzen.

2. Den Thunfisch abtropfen lassen, etwas zerpflücken und mit den Kapern auf der Artischockencreme anrichten.

Lachscreme
mit Sardellen und Gurke

FÜR 4 PERSONEN
ZUBEREITUNG: 10 MIN.

200 g Räucherlachs
4 Sardellenfilets · 2 EL Frischkäse · 1 TL Zitronensaft
1 EL eingelegte Kapern
4 EL Olivenöl · Pfeffer aus der Mühle · Salz · 50 g Gurke
40 g Sonnenblumenkerne
20 g Gartenkresse
1 EL gehackter Dill

1. Lachs, Sardellenfilets, Frischkäse, Zitronensaft, Kapern und Olivenöl in einen hohen Rührbecher geben und mit dem Stabmixer oder im Küchenmixer pürieren. Mit Pfeffer und, nur nach Bedarf, mit Salz würzen.

2. Die Gurke waschen, längs halbieren, die Kerne entfernen und die Gurke in Würfel schneiden. Die Sonnenblumenkerne in einer Pfanne ohne Fett anrösten. Die Kresse vom Beet schneiden, waschen und trocken tupfen.

3. Die Lachscreme nach Belieben auf Vollkornbrot streichen, mit Gurkenwürfeln, Dill, Sonnenblumenkernen und Kresse bestreuen.

Avocado-Schnitte
mit Tahin

FÜR 4 PERSONEN
ZUBEREITUNG: 5 MIN.

4 Scheiben Sauerteigbrot
4 TL Tahin (Sesampaste; aus dem Bioladen oder türkischen Lebensmittelgeschäft)
1 reife Avocado
4 kleine Tomaten
1 TL Sesamsamen
Saft von ½ Zitrone
Salz · Pfeffer aus der Mühle

1. Die Brotscheiben im Toaster leicht anrösten und mit je 1 TL Tahin bestreichen.

2. Die Avocado halbieren und den Stein entfernen. Die Avocadohälften schälen und das Fruchtfleisch in dünne Spalten schneiden. Die Tomaten waschen, trocken tupfen und in dünne Scheiben schneiden, dabei die Stielansätze entfernen. Die Sesamsamen in einer kleinen Pfanne ohne Fett kurz anrösten und herausnehmen.

3. Die Brote fächerförmig mit Avocadospalten und Tomatenscheiben belegen. Mit etwas Zitronensaft beträufeln und mit Salz und Pfeffer würzen. Die Avocado-Schnitten mit den Sesamsamen bestreuen und sofort servieren.

Superfood Avocado

Avocados enthalten wertvolle Fette, das macht sie zum gesunden Extra auf dem Brot.
Wenn sich die Schale etwas eindrücken lässt, sind Avocados verzehrfertig. Innerhalb von wenigen Tagen reifen harte Früchte bei Raumtemperatur nach, neben Äpfeln gelagert noch schneller. Da ihr zartgrünes Fruchtfleisch an der Luft schnell bräunt, sollte man sofort etwas Zitronensaft darüberträufeln.

Essbare Deko
FÜR GÄSTE

Pesto-Toast
mit Forelle und Kapuzinerblüten

FÜR 12 STÜCK
ZUBEREITUNG: 10 MIN.

6 Scheiben Sandwich-toastbrot
12 TL Pesto genovese (Fertigprodukt)
1 EL geriebener Parmesan
etwas Zitronensaft
2 geräucherte Forellenfilets (Fertigprodukt; aus dem Kühlregal)
50 g saure Sahne
12 Kapuzinerkresseblüten

1. Die Toastbrotscheiben im Toaster hell rösten und aus jeder Scheibe zwei Kreise (à 4 bis 5 cm Durchmesser) ausstechen, beispielsweise mit einem Glas.

2. Das Pesto mit dem Parmesan in einer kleinen Schüssel verrühren und mit dem Zitronensaft abschmecken. Die Forellenfilets in 12 kleine Stücke schneiden.

3. Die Toastbrotkreise mit dem angerührten Pesto bestreichen, auf jede Scheibe 1 Klecks saure Sahne setzen und mit je 1 Stück Forelle belegen. Zum Garnieren jeweils 1 Kapuzinerkresseblüte daraufsetzen.

Feines vorab

Die kleinen Toasts eignen sich perfekt als Appetizer für Gäste. Die Kapuzinerkresse macht sie zu echten Hinguckern. Im Geschmack erinnert Kapuzinerkresse übrigens an Brunnenkresse. Die Blüten sind etwas milder als die grünen Blätter.

Alm-
küche

Frühlingssalat

mit Schinken-Käse-Toast

FÜR 4 PERSONEN
ZUBEREITUNG: 10 MIN.

Für die Toasts:
4 Scheiben Schwarzwälder Schinken
4 Scheiben Bergkäse
8 dünne Weißbrotscheiben

Für den Tomatensalat:
400 g Cocktailtomaten
¼ Zwiebel
3 EL Aceto balsamico
4 EL Olivenöl
Salz · Pfeffer aus der Mühle
einige Basilikumblätter

Für den Rucolasalat:
200 g Rucola
¼ Zwiebel
3 EL Apfelessig
3 EL Öl
Salz · Pfeffer aus der Mühle
ca. 30 g Bergkäse (am Stück)

1. Den Backofen auf 160 °C vorheizen, ein Backblech mit Backpapier belegen. Für die Toasts die Schinken- und Käsescheiben jeweils halbieren. Die Brotscheiben zuerst mit den Schinken-, dann mit den Käsescheiben belegen und im Ofen auf der obersten Schiene überbacken, bis der Käse geschmolzen ist.

2. Für den Tomatensalat die Tomaten waschen, halbieren und in eine Schüssel geben. Für das Dressing die Zwiebel schälen und in feine Würfel schneiden. Den Aceto balsamico mit Olivenöl, Salz und Pfeffer verrühren und die Zwiebelwürfel unterrühren. Die Tomaten mit dem Dressing mischen und ziehen lassen.

3. Für den Rucolasalat den Rucola verlesen, waschen und trocken schleudern, grobe Stiele entfernen. Die Blätter in mundgerechte Stücke zupfen und in eine Schüssel geben. Für das Dressing die Zwiebel schälen und in feine Würfel schneiden. Apfelessig mit Öl, Salz und Pfeffer verrühren und die Zwiebelwürfel unterrühren.

4. Den Rucolasalat ebenfalls mit dem Dressing mischen und mittig auf großen Tellern anrichten. Den Tomatensalat darum herum verteilen und mit Basilikumblättern garnieren. Die überbackenen Brotscheiben dazulegen und noch etwas Bergkäse über den Rucolasalat reiben.

Ziemlich beste Freunde

Alles auf Lager? – Ein ausreichender Vorrat an Lebensmitteln ist nicht nur beruhigend, er versetzt uns auch in die Lage, sofort mit dem Kochen loszulegen, erspart uns so manche Fahrt zum Supermarkt – und lässt uns kreativ werden. Mit diesen Vorräten sind Sie auf der sicheren Seite:

Im Schrank

Getrocknete Zutaten
Mehl, brauner und weißer Zucker, Basmati- und Risottoreis, Pasta, Asia-Nudeln, rote Linsen, Instant-Couscous

Gewürze und Co.
Salz, Pfeffer, Muskatnuss, getrocknete Kräuter (Oregano, Thymian, Majoran, Minze), Curry, Paprikapulver, Chiliflocken, Kreuzkümmel, Kümmel, Lorbeer, Wacholder, Zimt, gekörnte Brühe

Nüsse, Trockenfrüchte und Co.
Erdnüsse, Mandeln, Haselnüsse, Walnüsse, Cashews, Honig, Ahornsirup, Rosinen, getrocknete Cranberrys

Öl, Essig und Co.
Olivenöl, Sonnenblumen- oder Rapsöl, Sojasauce, Fischsauce, Weißweinessig, Aceto balsamico, Kokosmilch

Im Kühlschrank und im Tiefkühlfach

Die schnelle Truppe

Produkte, die das Kochen erleichtern, weil sie schon teilweise fertig sind, nennt man Convenience-Produkte. Vieles gibt es mittlerweile in Top-Qualität. Das sind unsere Favoriten:

Frischteige

Mit Blätterteig, Hefeteig, Strudelteig und Mürbeteig aus dem Kühlregal kann man im Handumdrehen Hörnchen drehen, eine Pizza oder Tarte zaubern oder Kuchen für überraschende Gäste backen.

Pasta, Gnocchi & Co.

Von Bandnudeln bis zu gefüllter Pasta, von knuffigen Gnocchi bis hin zum Knödelteig, von Spätzle bis Schupfnudeln – Beilagen aus dem Kühlregal sind die ideale Basis für Turbo-Gerichte.

Selbst gemachtes Pesto: siehe S. 80 (grün) und 81 (rot).

Pesto

Für die schnelle Pasta, zum Abschmecken von Saucen oder als Füllung – mit der italienischen Kräuterpaste lässt sich jede Menge anstellen. Der Klassiker ist das pikante grüne Pesto aus Basilikum, leicht süßlich und scharf ist die rote Variante aus getrockneten Tomaten. Da fertiges Pesto in Geschmack und Qualität stark variiert, sollten Sie ruhig verschiedene Sorten durchprobieren.

Eiserne Reserven

Konserviertes aus Dosen oder Gläsern ist ein Glücksfall für eilige Köche, denn es ist preiswert, lässt sich lang lagern und benötigt so gut wie keine Garzeit. Aus Dosentomaten wird ruck, zuck ein Sößchen, Mais und Hülsenfrüchte bereichern Saucen, Suppen und Salate oder werden zum Brotaufstrich, Thunfisch peppt die Pastasauce auf, gegrillte Paprikaschoten oder Oliven sind ein feiner Pizzabelag, Apfelmus und Sauerkirschen toppen Pfannkuchen und Co.

Pizza superpresto

1 Packung backfertigen Pizzateig (400 g, Kühlregal) samt Papier auf einem Backblech entrollen. 150 g stückige Tomaten (Dose) darauf verstreichen, mit Salz, Pfeffer und ½ TL getrocknetem Oregano würzen. 3 EL schwarze Olivenscheiben (Glas), 2 EL Kapern (Glas), 1 Dose Thunfisch (naturell, 185 g) und 125 g gewürfelten Mozzarella darauf verteilen. Pizza im vorgeheizten Ofen auf der mittleren Schiene bei 220 °C 15 bis 20 Minuten backen.

Rührei in veredelter Form
GANZ EASY

Rührei
mit Dillkrabben

FÜR 2 PERSONEN
ZUBEREITUNG: 10 MIN.

50 g gepulte Nordseekrabben
1–2 Stiele Dill
Zitronensaft
Pfeffer aus der Mühle
3 Eier
3 EL saure Sahne
Salz
1 EL Butter

1. Die Nordseekrabben trocken tupfen. Dill waschen und trocken schütteln, Spitzen abzupfen und fein schneiden. Krabben und Dill mischen, mit einigen Spritzern Zitronensaft und Pfeffer würzen. Eier und saure Sahne mit 1 Prise Salz verquirlen.

2. Die Butter in einer Pfanne erhitzen und die Eiermischung hineingeben. Die Krabben darauf verteilen und die Masse unter Wenden oder leichtem Rühren zu einem saftigen Rührei braten, bis die Eier leicht gestockt sind. Auf Teller verteilen, mit Pfeffer und etwas Salz würzen. Dazu passt Weißbrot.

Auch lecker: Rührei mit Tomaten

Probieren Sie auch andere Varianten, z. B. Rührei mit Tomaten: 4 Eier verquirlen, nach Belieben 2 TL Trüffelöl und 1 Prise Salz unterrühren. In einer Pfanne 1 EL Olivenöl erhitzen und 1 gewürfelte Zwiebel bei mittlerer Hitze etwa 5 Minuten anbraten. 250 g halbierte Cocktailtomaten dazugeben und 5 Minuten mitbraten. 2 EL Butter hinzufügen, die verquirlten Eier hineingeben und wie oben beschrieben leicht stocken lassen. Mit Salz und Pfeffer würzen und mit Schnittlauchröllchen bestreut servieren.

Für
Kinder

Ei-Törtchen
mit Schinken

FÜR 6 STÜCK
ZUBEREITUNG: 10 MIN.

12 Scheiben roher Schinken (ca. 200 g)
6 Eier
Salz · Pfeffer aus der Mühle

1. Den Backofen auf 140 °C (Umluft) vorheizen. Je 2 Scheiben Schinken in die Vertiefungen einer Muffinform legen. Dabei darauf achten, dass der Boden und die Seiten mit Schinken komplett ausgekleidet sind, damit das Ei später nicht an der Form haften bleibt.

2. Jedes Ei aufschlagen und vorsichtig in eine Mulde gleiten lassen, sodass das Eigelb dabei nicht kaputtgeht. Die Törtchen mit Salz und Pfeffer würzen.

3. Die Törtchen im Ofen auf der mittleren Schiene so lange backen, bis das Ei die gewünschte Konsistenz hat (wachsweich oder ganz durchgegart). Die Ei-Törtchen nach Belieben pur oder mit einer Beilage oder Salat genießen.

Perfekt dazu: Ein grüner Salat

Während die Törtchen im Ofen sind, lässt sich schnell ein grüner Salat zubereiten: Von 1 Kopfsalat die äußeren Blätter entfernen. Den Salat in die einzelnen Blätter teilen, waschen, trocken schleudern und in mundgerechte Stücke zupfen. In eine große Schüssel geben. In einer kleinen Schüssel 3 EL Essig, 1 TL Senf, je 1 Prise Salz, Pfeffer und nach Belieben Zucker verrühren. Etwa 80 ml Öl (z. B. Olivenöl) nach und nach mit dem Schneebesen unterschlagen. Die Vinaigrette mit Salz und Pfeffer abschmecken und unter den Salat mischen.

Gesunder Snack für zwischendurch

Avocado
mit knackiger Tomaten-Parmesan-Füllung

FÜR 4 PERSONEN
ZUBEREITUNG: 10 MIN.

2 Avocados
Salz · Pfeffer aus der Mühle
2 Tomaten
2 EL Pinienkerne
2 EL rote Zwiebelwürfel
einige Knoblauchwürfel
4 EL gehacktes Basilikum
4 EL Aceto balsamico
4 TL Parmesanspäne
einige Dillspitzen zum Garnieren

1. Die Avocados halbieren und den Stein entfernen. Die Avocadohälften mit Salz und Pfeffer würzen. Die Tomaten waschen, halbieren und in kleine Würfel schneiden, dabei die Kerne und den Stielansatz entfernen.

2. Die Pinienkerne in einer Pfanne ohne Fett leicht rösten. Herausnehmen und abkühlen lassen.

3. Die Tomaten mit Zwiebel, Knoblauch und Basilikum mischen und in die Mulden der Avocadohälften verteilen. Den Essig darüberträufeln. Die gefüllten Avocadohälften mit Pinienkernen und Parmesan bestreuen und mit den Dillspitzen garniert servieren. Nach Belieben Bio-Zitronenscheiben dazu reichen.

Bunter Salat
mit Walnüssen und Trauben

FÜR 4 PERSONEN
ZUBEREITUNG: 10 MIN.

300 g bunte Salatblätter (z. B. Eichblattsalat, Radicchio, Lollo rosso, Frisée)
je 100 g grüne und blaue Weintrauben
1 kleine Birne
je 2 EL Apfel- und Weißweinessig
2 TL Birnendicksaft
Salz · Pfeffer aus der Mühle
je 4 EL Oliven- und Walnussöl
80–100 g Walnusskerne

1. Die Salatblätter putzen, waschen und trocken schleudern. In mundgerechte Stücke zupfen. Die Trauben waschen und halbieren, nach Belieben die Kerne entfernen. Die Birne waschen, vierteln und das Kerngehäuse entfernen. Die Birnenviertel in feine Spalten schneiden.

2. Für die Vinaigrette beide Essigsorten mit dem Birnendicksaft, Salz und Pfeffer verrühren. Nach und nach Oliven- und Walnussöl mit dem Schneebesen unterschlagen.

3. Die Walnüsse in einer Pfanne ohne Fett anrösten. Die Salatblätter gut mit der Vinaigrette mischen und auf Tellern verteilen. Die Trauben, die Birnenspalten und die Walnüsse darauf anrichten.

Superfood Walnuss

Walnüsse und das aus ihnen gewonnene Öl schmecken nicht nur köstlich, sondern sind auch sehr gesund. Die Nüsse enthalten wertvolle Fette und gelten nicht zu Unrecht als Kraftpakete und Nervennahrung – das macht sie zum perfekten gesunden Snack für zwischendurch statt Süßigkeiten, Schokolade und Co.

Flüssige Schokolade zum Dahinschmelzen
Zum Dessert

Schokofondue

mit Cashew und Vanillelikör

FÜR 4 PERSONEN
ZUBEREITUNG: 5 MIN.

240 g Bitterschokolade (70 % Kakaoanteil)
400 ml Dinkel-Mandel-Drink (oder Haferdrink mit Vanille)
150 g Cashewbruch
4 EL 43-Likör (span. Vanillelikör)
2 große Medjoul-Datteln (ohne Stein)
Meersalz
1 ½ kg gemischtes Obst (z. B. Apfel, Ananas, Banane, Melone, Heidelbeeren)

1. Für die Schokosauce die Schokolade grob hacken oder in Stücke brechen. Den Dinkel-Mandel-Drink in einem Topf aufkochen und mit Schokolade, Cashewbruch, Likör, Datteln und 1 guten Prise Salz in einen Rührbecher geben.

2. Alles mit dem Stabmixer auf höchster Stufe 1 Minute glatt mixen, bis die Masse glänzt. Die Schokoladenmasse in einem Schokoladenfonduetopf oder einer Schale auf einem Stövchen warm halten.

3. Zum Dippen das Obst je nach Sorte putzen, waschen oder schälen und ganz lassen oder in mundgerechte Stücke schneiden. Das Obst in einer Schale anrichten. Nach Belieben zusätzlich Reiswaffeln, Kekse, Blätterteigsticks und in Öl angeröstete Weißbrotsticks zum Dippen reichen.

Schoko-Spaß für Kinder

Wenn Kinder mitessen, den Likör weglassen und nach Belieben weiße Schokolade oder Vollmilch- statt Bitterschokolade nehmen.

Extracremig, superlecker
Schön frisch

Vanillequark
mit Himbeerpüree

FÜR 2 PERSONEN
ZUBEREITUNG: 10 MIN.

250 g Magerquark
100 g Naturjoghurt
1 Vanilleschote
100 g Himbeeren

1. Quark und Joghurt mit dem Schneebesen glatt rühren. Die Vanilleschote längs aufschneiden, das Mark herauskratzen und unter den Quark rühren. Nach Belieben mit Reis- oder Ahornsirup süßen und abschmecken.

2. Die Himbeeren verlesen, waschen und mit einer Gabel zermusen. Himbeerpüree und Quark abwechselnd in ein Glas schichten. Den Vanillequark nach Belieben mit Minze garnieren.

Orangenquark
mit Basilikum

FÜR 2 PERSONEN
ZUBEREITUNG: 5 MIN

300 g Magerquark
100 ml frisch gepresster Orangensaft
1 Msp. abgeriebene Bio-Orangenschale
30 g gehackte Mandeln
2 Stiele Basilikum

1. Den Quark mit Orangensaft und -schale glatt rühren und die Mandeln untermischen.

2. Das Basilikum waschen und trocken tupfen, die Blätter abzupfen und fein hacken. Unter den Quark mischen und den Quark nach Belieben mit Orangenschale und Basilikumblättern garnieren.

GANZ EDEL

Karamellisierter Obstsalat
mit griechischem Joghurt

FÜR 2 PERSONEN
ZUBEREITUNG: 10 MIN.

ca. 300 g Ananas
1 Apfel
100 g kernlose grüne oder blaue Weintrauben
60 g gemischte Nusskerne
1 EL Rohrohrzucker
1 EL Limettensaft
400 g griechischer Joghurt
1–2 EL Honig

1. Die Ananas schälen und zuerst in Spalten, dann in dicke Scheiben schneiden. Den Apfel waschen und vierteln, das Kerngehäuse entfernen. Die Apfelviertel zuerst in Spalten, dann in Scheiben schneiden. Die Weintrauben waschen, trocken tupfen und abzupfen.

2. Die Nüsse sehr grob hacken, in einer Pfanne ohne Fett hellbraun anrösten und sofort wieder herausnehmen. Den Zucker in der Pfanne hellbraun karamellisieren, das Obst hineingeben und etwa 2 Minuten in der Pfanne schwenken. Mit dem Limettensaft ablöschen.

3. Den glatt gerührten Joghurt auf zwei tiefe Teller oder Schalen verteilen und den Obstsalat und die gerösteten Nüsse darauf anrichten. Mit etwas Honig beträufeln. Nach Wunsch noch etwas Müsli dazu servieren.

Easy Blitzgerichte: 20-Minuten-Rezepte

Eine sommerliche Vorspeise
der besonderen Art!
Fix &
frisch

Grüner Spargel
mit Mozzarella und Erdbeeren

FÜR 4 PERSONEN
ZUBEREITUNG: 20 MIN.

500 g grüner Spargel
Salz
1 TL Zucker
1 TL Butter
2 Kugeln Büffelmozzarella (à 125 g)
250 g Erdbeeren
1 TL Zitronensaft
2 EL Balsamico bianco
Pfeffer aus der Mühle
4 EL Olivenöl (oder Haselnuss- oder Macadamianussöl)
½ Bund Minze

1. Den Spargel waschen und im unteren Drittel schälen, die holzigen Enden abschneiden. Den Spargel abtropfen lassen und in 8 bis 10 cm lange Stücke schneiden. In einem Topf etwas Salzwasser mit dem Zucker und der Butter zum Kochen bringen und den Spargel darin etwa 8 Minuten garen. Auf einem Sieb abtropfen lassen. Alternativ den Spargel in einer Pfanne in etwas Fett bei starker Hitze etwa 5 Minuten braten.

2. Den Mozzarella in etwa 2 cm dicke Scheiben schneiden. Die Erdbeeren putzen, waschen und abtropfen lassen, je nach Größe halbieren oder ganz lassen.

3. Den Zitronensaft mit dem Essig mischen und mit Salz und Pfeffer abschmecken, das Öl unterrühren.

4. Die Minze waschen, trocken schütteln, die Blätter abzupfen und grob hacken. Den Spargel mit dem Mozzarella und den Erdbeeren auf Tellern anrichten und mit der Vinaigrette beträufeln. Mit Minze garniert servieren.

Wintervariante

Dies ist ein absolutes Sommergericht. Aber auch im Winter müssen Sie auf eine fruchtig-frische Vorspeise nicht verzichten: Nehmen Sie einfach 500 g Chicorée und 250 g Orangenfilets plus 250 g in Scheiben geschnittenen Ziegenkäse. Vom Chicorée die äußeren Blätter ablösen und den Strunk abschneiden. Die einzelnen Blätter mit der Vinaigrette aus dem Rezept vermischen und mit den Orangenfilets und dem Ziegenkäse auf Teller verteilen. Mit etwas Zitronensaft beträufeln und mit 3 EL gehackten Walnüssen bestreuen.

Das Brot richtig
kross toasten,
sonst wird es weich

Brotsalat
nach Nizza-Art

FÜR 2 PERSONEN
ZUBEREITUNG: 20 MIN.

1 Weizenvollkornbrötchen
250 g grüne Bohnen
2 Eier
Salz
150 g Cocktailtomaten
1 gelbe Paprikaschote
1 Zwiebel
1 Knoblauchzehe
1 Dose Thunfisch im eigenen Saft (140 g Abtropfgewicht)
2 EL Weißweinessig
5 EL Gemüsebrühe
2 EL Olivenöl
½ TL Senf
Pfeffer aus der Mühle
40 g schwarze Oliven

1. Das Brötchen in Scheiben schneiden und im Toaster knusprig rösten. Dann die Scheiben in mundgerechte Würfel schneiden.

2. Die Bohnen putzen, waschen und in Salzwasser etwa 12 Minuten bissfest garen. In ein Sieb abgießen und abtropfen lassen. Inzwischen die Eier in Salzwasser etwa 9 Minuten hart kochen. Kalt abschrecken, pellen und halbieren oder vierteln.

3. Währendessen die Tomaten waschen und halbieren. Die Paprikaschote halbieren und entkernen, waschen und in mundgerechte Stücke schneiden. Zwiebel und Knoblauch schälen, die Zwiebel in feine Ringe schneiden. Den Thunfisch abtropfen lassen.

4. Essig, Brühe und Öl zu einer Vinaigrette verquirlen und mit Senf, durchgedrücktem Knoblauch, Salz und Pfeffer würzen. Gemüse und Brotwürfel mit der Vinaigrette gründlich mischen und den Brotsalat mit Oliven, Thunfisch und Eiern anrichten.

Willst du mit mir gehen?

Die Vorteile des selbst gemachten Lunchs für unterwegs und fürs Büro liegen auf der Hand: Wir wissen, was wir essen, sparen Geld und schonen ganz nebenbei die Umwelt, weil wir das Essen nicht in Berge von Wegwerfplastik und Folie verpacken, sondern in wiederverwendbare Behälter.

Gut verpackt

Für jeden Zweck gibt es den richtigen Behälter: von einfachen Kunststoffbehältern bis hin zu stylishen stapelbaren Lunch-Boxen, die sich nach dem Vorbild japanischer Bento-Boxen in separate Fächer unterteilen lassen. Praktisch für Salate sind auch Behälter mit integriertem Besteck oder Dressing-Döschen. Attraktiv, aber verhältnismäßig schwer sind dicht schließende Schraub- oder Weckgläser (siehe rechte Seite).

Suppe to go

Wer am Arbeitsplatz weder Herd noch Mikrowelle hat, muss nicht auf ein heißes Süppchen verzichten. Einfach Einlagen wie Nudeln, Gemüse oder Croûtons separat verpacken, Brühe kochend heiß in eine Thermosflasche füllen und kurz vor dem Essen über die Zutaten gießen.

Das muss mit!

Lieblinge für Büro und Picknick

Tramezzini (S. 69), Stullen, Wraps (S. 72), Frikadellen (S. 132 ff.), gebratenes Hühnchen, Räucherlachs, Thunfisch (aus dem Glas), Dips und Aufstriche (z. B. Guacamole, S. 20) mit Rohkost-Gemüsesticks, Antipasti, Frittata (S. 67), Gemüsesalat (siehe rechte Seite), Tassenkuchen (S. 101), Tartes (S. 111), Milchreis (S. 147), Quarkspeisen (S. 13 und S. 45), Müsli (S. 11), Obstsalat (S. 47).

Ein Glas voll Buntes

Bereits angemachte Salate mögen keine langen Wartezeiten. Ganz anders „Salate im Glas“ oder „Shaking Salads“, die schon am Vortag zubereitet werden können.

Zutaten in ein hohes Schraubglas mit großer Öffnung schichten und kühl stellen. Zum Verzehr in einer Schüssel oder direkt im Glas mischen.

Blattsalate und frische Kräuter: kommen ganz nach oben.

Samen und Nüsse: z. B. Sesam, Sonnenblumenkerne, Walnüsse, Erdnüsse, Pistazien.

Empfindliches und weiches Gemüse: z. B. Avocado, Tomaten, Pilze.
Obst: z. B. Melone, Beeren, Apfel, Birne.

Eiweißhaltiges: gebratenes oder gekochtes Fleisch, Eier, Käse, Fisch (geräuchert oder eingelegt), Garnelen.

Kohlenhydrathaltiges: z. B. Hülsenfrüchte, Mais, Reis, Pasta, Quinoa, Bulgur, Couscous.

Robustes Gemüse: Möhren, Paprika, Fenchel und Co., evtl. zerkleinert und gegart.

Dressing: Einige Esslöffel auf den Boden des Glases geben (alternativ das Dressing separat verpacken, kurz vorm Essen über die anderen Salatzutaten gießen).

For one to go
Hübsch verpackt, ein echter Eyecatcher

Salat im Glas

mit Feta und Kichererbsen

FÜR 1 PERSON
ZUBEREITUNG: 20 MIN.

30 g gegarte Kichererbsen (aus der Dose)
1 Möhre
50 g junger Spinat
1 kleine rote Spitzpaprikaschote
100 g Feta (Schafskäse)
1 EL Orangensaft
30 g saure Sahne
30 g Buttermilch
Salz · Pfeffer aus der Mühle
1 TL gehackte Petersilie

1. Die Kichererbsen in ein Sieb abgießen, kalt abbrausen und abtropfen lassen. Die Möhre putzen, schälen und grob raspeln. Den Spinat waschen und trocken schleudern. Die Paprika längs halbieren, entkernen, waschen und in schmale Streifen schneiden. Den Feta in kleine Würfel schneiden.

2. Für das Dressing den Orangensaft mit der sauren Sahne und der Buttermilch verrühren. Mit Salz und Pfeffer würzen. Die Petersilie unterrühren. Das Dressing in ein kleines Schraubglas füllen.

3. In ein großes Schraub- oder Einmachglas nacheinander die Kichererbsen, die Möhrenraspel, die Paprikastreifen, den Feta und den Spinat einschichten und das Glas verschließen. Den Salat bis zum Verzehr mit dem Dressing kühl stellen.

Natur pur!
Pink punktet

Rosa Radieschensuppe
mit Kresse

FÜR 4 PERSONEN
ZUBEREITUNG: 20 MIN.

Für die Suppe:
1 Schalotte
2 Bund Radieschen
1 TL Butter
600 ml Gemüsebrühe
200 g Sahne
Salz · Pfeffer aus der Mühle

Außerdem:
1 Handvoll Kresse
essbare Wiesenblumen
(siehe Tipp)

1. Für die Suppe die Schalotte schälen und grob in Würfel schneiden. Die Radieschen putzen, waschen und klein schneiden. Die Butter in einem großen Topf erhitzen und die Schalotte darin andünsten. Die Radieschen dazugeben und alles mit der Brühe aufgießen.

2. Kurz aufkochen und etwa 15 Minuten köcheln lassen. Die Sahne unterrühren und alle Zutaten mit dem Stabmixer fein pürieren. Mit Salz und Pfeffer abschmecken.

3. Die Kresse waschen und trocken tupfen. Die Suppe nach Belieben warm oder kalt auf vier Teller verteilen. Die Radieschensuppe mit der Kresse und den Wiesenblumen garniert servieren.

Das Auge isst mit!

Garnieren Sie die Suppe nach Belieben mit Gänseblümchen aus dem Garten oder von der Wiese. Die Blüten sehen nicht nur dekorativ aus, sie sind auch sehr aromatisch, ebenso wie die Blüten von Borretsch, Schnittlauch oder Rotklee.

Das Allgäu lässt grüßen!
Einfach & gut

Käsesuppe
mit Kräutercroûtons

FÜR 4 PERSONEN
ZUBEREITUNG: 20 MIN.

Für die Suppe:
2 Zwiebeln
1 Knoblauchzehe
1 EL Butter
100 ml Weißwein
400 ml Fleischbrühe
200 ml Milch
200 g Sahne
200 g Emmentaler
Salz · Pfeffer aus der Mühle
frisch geriebene Muskatnuss

Für die Kräutercroûtons:
2 Scheiben Toastbrot
½ Bund Petersilie
3 Zweige Majoran
1 EL Butter
Salz · Pfeffer aus der Mühle

1. Für die Suppe die Zwiebeln und den Knoblauch schälen und in grobe Würfel schneiden. Die Butter in einem Topf erhitzen, die Zwiebeln und den Knoblauch darin andünsten. Den Wein angießen und etwas einkochen lassen. Die Brühe, die Milch und die Sahne dazugeben und die Hitze reduzieren. Den Käse reiben und nach und nach unterrühren, bis er vollständig geschmolzen ist.

2. Die Suppe mit dem Stabmixer pürieren und mit Salz, Pfeffer und Muskatnuss abschmecken.

3. Für die Kräutercroûtons die Toastscheiben entrinden und das Brot in Würfel schneiden. Die Petersilie und den Majoran waschen und trocken schütteln. Die Blätter abzupfen und fein hacken.

4. Die Butter in einer Pfanne erhitzen, die Brotwürfel mit den Kräutern mischen und in der Butter goldbraun anbraten. Mit Salz und Pfeffer würzen.

5. Die Suppe auf vier Teller oder Schalen verteilen und mit den Croûtons servieren.

Möglichkeiten ohne Ende

Statt mit Emmentaler schmeckt die Suppe auch mit anderen Hartkäsesorten, wie zum Beispiel Greyerzer oder altem Gouda. Auch Käsereste lassen sich hier gut verwerten.

0,5l.

Kalte Melonensuppe
mit Minzpesto

FÜR 4 PERSONEN
ZUBEREITUNG: 20 MIN.

Für die Suppe:
1 ½ kg Wassermelone
1 Stück Ingwer (1 cm)
Saft und abgeriebene Schale von 1 Bio-Limette

Für das Minzpesto:
8 Stiele Minze
15 g gehackte Mandeln
30 g Pistazienkerne
4 TL Agavensirup (ersatzweise Honig)
Saft von ½ Limette

1. Für die Suppe die Wassermelone vierteln, falls nötig, die Kerne entfernen. Das Fruchtfleisch klein schneiden. Den Ingwer schälen und auf der Gemüsereibe fein reiben. Melonenwürfel, Ingwer, Limettensaft und -schale im Mixer fein pürieren und kühl stellen.

2. Für das Minzpesto die Minze waschen, trocken schütteln und die Blätter abzupfen. Die Mandeln in einer Pfanne ohne Fett goldbraun rösten. Minzeblätter, Mandeln, Pistazien mit Agavensirup und Limettensaft im Blitzhacker fein pürieren.

3. Die kalte Melonensuppe auf vier Teller verteilen und mit dem Minzpesto servieren.

Variante mit Honigmandeln

Sie können die Wassermelone auch durch eine Charentais-Melone ersetzen. Servieren Sie eine Charentais-Melonensuppe statt mit Minzpesto mit Honigmandeln. Dazu 100 g Mandelblättchen anrösten und mit 75 g Honig mischen. Die Suppe mit Zwergbasilikumblättern garniert servieren.

Verwandlungskünstler Omelett

Das Omelett und seine italienische Variante, die Frittata, sind mit nur wenigen Zutaten im Handumdrehen gezaubert. Knackige, bunte Gemüse, Eier, ab in die Pfanne, fertig! Sie sind vielseitig, machen satt und sind auch für unterwegs geeignet – insbesondere als Omelett-Wraps.

Klassisches Bauernomelett

mit Gemüse

1. Viele Gemüsesorten haben unterschiedliche Garzeiten. Je nach Sorte sollte Gemüse daher nacheinander in kochendem Salzwasser kurz blanchiert werden.

2. Etwas Milch macht das Omelett weicher. Die Eiermasse verquirlen oder nach Belieben mit dem Stabmixer aufschlagen, damit sich die Gewürze gleichmäßig verteilen.

3. Das Gemüse und nach Belieben Kartoffeln (in Scheiben, vom Vortag) in einer beschichteten Pfanne in etwas Öl oder Butter kurz braten und die Eiermilch dazugießen.

4. Die Pfanne noch kurz auf dem Herd lassen, bis das Ei stockt. So bleibt nichts kleben: Das Omelett nach dem Garen nochmals kurz stehen lassen.

Omelett-Wraps
mit Quarkcreme und Schinken

FÜR 4 PERSONEN
ZUBEREITUNG: 20 MIN.

4 Eier (Größe M)
ca. 2 EL Öl
Salz · Pfeffer aus der Mühle
2 große Möhren
4 Frühlingszwiebeln
½ Bund Petersilie
400 g Magerquark
8 Scheiben gekochter Schinken

1. Eier mit 1 EL Öl verquirlen und mit Salz und Pfeffer würzen. Etwas Öl in einer kleinen Pfanne erhitzen. Ein Viertel der Eimasse hineingeben und durch Schwenken in der Pfanne dünn verteilen. Etwa 1 Minute braten, wenden und etwa 1 Minute weiterbraten. Auf einem Teller abkühlen lassen. Auf diese Weise 3 weitere Omeletts braten.

2. Inzwischen die Möhren putzen, schälen und grob raspeln. Die Frühlingszwiebeln putzen, waschen und in feine Ringe schneiden. Die Petersilie waschen und trocken tupfen, die Blätter abzupfen und fein hacken. Alles unter den Quark rühren und mit Salz und Pfeffer würzen. Den Schinken auf die abgekühlten Omeletts legen und mit dem Quark bestreichen. Die Omeletts aufrollen. Zum Mitnehmen erst in Frischhalte-, dann in Alufolie wickeln und bis zum Verzehr kühl stellen.

Der Pecorino bringt
Extrawürze
GANZ
EASY

Gemüsefrittata

mit Paprika und Champignons

FÜR 4 PERSONEN
ZUBEREITUNG: 20 MIN.

300 g gegarte festkochende Kartoffeln (mit Schale; vom Vortag)
1 rote Paprikaschote
3 Schalotten
1 Stange Lauch
200 g Champignons
½ Bund Petersilie
6 Eier
80 ml Milch
Salz
Pfeffer aus der Mühle
frisch geriebene Muskatnuss
50 g Pecorino (am Stück; ersatzweise Parmesan)
4 EL Olivenöl

1. Die Kartoffeln pellen. Die Paprikaschote längst halbieren, entkernen, waschen und in Streifen schneiden. Die Schalotten schälen, halbieren und in Streifen schneiden. Den Lauch putzen, waschen und in feine Scheiben schneiden. Die Pilze putzen, falls nötig mit Küchenpapier trocken abreiben, und in feine Scheiben schneiden. Die Kartoffeln ebenfalls in Scheiben schneiden. Die Petersilie waschen und trocken schütteln, die Blätter abzupfen und fein hacken.

2. Die Eier mit der Milch verquirlen und mit Salz, Pfeffer und 1 Prise Muskatnuss würzen. Den Pecorino fein reiben und untermischen.

3. Das Olivenöl in einer großen Pfanne erhitzen und die Schalotten darin andünsten. Die Paprika und den Lauch dazugeben und 2 bis 3 Minuten mitdünsten. Die Kartoffelscheiben und die Pilze dazugeben und mitdünsten. Die Petersilie untermischen und das Gemüse mit Salz und Pfeffer würzen. Die Eiermilch über das Gemüse gießen und zugedeckt bei schwacher Hitze etwa 10 Minuten stocken lassen.

4. Die Gemüsefrittata vorsichtig aus der Pfanne gleiten lassen, in Viertel schneiden und auf Tellern anrichten und mit etwas Pecorino bestreuen. Dazu passt ein gemischter Blattsalat.

Probieren Sie weitere Varianten!

Diese Frittata schmeckt nicht nur mit Paprika, Champignons und Lauch: Leckere Varianten sind z. B. eine Frittata mit Kartoffeln, Zucchini und Tomate oder eine Frittata mit Kartoffeln, Pastinaken und Möhren.

Perfekt für zwischendurch
und ideal zum Mitnehmen

Schön saftig

Geflügel-Tramezzini

mit Kräuter-Mayonnaise

FÜR 4 PERSONEN
ZUBEREITUNG: 20 MIN.

½ Bund Kerbel
2–3 Stiele Basilikum
8 EL Mayonnaise
Meersalz
½ TL Currypulver
etwas abgeriebene Bio-Zitronenschale
1 Spritzer Zitronensaft
2 Hähnchenbrustfilets (gegart; à ca. 150 g)
1 Mini-Romanasalat
4 Scheiben Tramezzini-Brot (aus dem italienischen Feinkostladen; oder 8 Scheiben Sandwichbrot)

1. Den Kerbel und das Basilikum waschen und trocken schütteln, die Blätter abzupfen und fein hacken. Die Mayonnaise mit den Kräuterblättern verrühren und mit Salz, Currypulver, Zitronenschale und -saft abschmecken. Die Hähnchenbrust in kleine Stücke zupfen.

2. Den Salat putzen, waschen und trocken schleudern. Die Salatblätter in dünne Streifen schneiden. Die Brotscheiben auf die Arbeitsfläche legen (vom Sandwichbrot zuvor die Rinde entfernen) und dünn mit Mayonnaise bestreichen. Die restliche Mayonnaise mit dem Hähnchenfleisch mischen.

3. Auf der Hälfte der Brotscheiben die Hälfte der Salatstreifen und das Fleisch verteilen, dabei rundum einen kleinen Rand frei lassen. Den restlichen Salat daraufgeben und die übrigen bestrichenen Brotscheiben darauflegen. Die Ränder andrücken und die Tramezzini-Brote erst quer, dann diagonal halbieren (die Sandwichbrote nur diagonal halbieren). Die Dreiecke jeweils in Papierservietten oder Butterbrotpapier einschlagen.

Lachs-Tramezzini

Die Brote mit 150 g Crème fraîche (verrührt mit 2–3 TL geriebenem Meerrettich und etwas Dill), 1 Handvoll klein gezupftem Rucola und 200 g Räucherlachs (in Streifen) belegen.

Thunfisch-Tramezzini

Die Brote mit 150 g Salatcreme (verrührt mit 100 g Thunfisch und 1 EL kleinen Kapern), 4 Tomaten (in Scheiben) und 1 in Streifen geschnittenem Mini-Romanasalat belegen.

Sandwich-Wraps
mit Roastbeef

FÜR 4 PERSONEN
ZUBEREITUNG: 20 MIN.

2 Romana-Salatherzen
12 mittelgroße Champignons
2 große Schalotten
Olivenöl
2 EL Butter
150 g Cheddarkäse
1 Stange Staudensellerie
100 g Frischkäse
50 g Mayonnaise
2 EL Schnittlauchröllchen
Salz · Pfeffer aus der Mühle
1–2 EL Zitronensaft
700 g Roastbeef (gegart; in Scheiben)
4 Tortillafladen (aus Weizen- oder Maismehl)

1. Die Salatherzen längs vierteln, waschen und trocken schleudern. Die Pilze putzen und vierteln. Die Schalotten schälen und in feine Würfel schneiden. Etwas Olivenöl in einer Pfanne erhitzen, die Pilze darin anbraten. Die Schalottenwürfel und die Butter dazugeben.

2. Den Käse in ½ cm große Würfel schneiden. Den Sellerie putzen, waschen und in feine Würfel schneiden. Frischkäse und Mayonnaise verrühren, Schnittlauch untermischen. Die Creme mit Salz, Pfeffer und Zitronensaft würzen. Die Roastbeef-Scheiben mit Salz und Pfeffer würzen.

3. Die Tortillafladen in einer Pfanne kurz erwärmen. Mit der Creme bestreichen und die vorbereiteten Zutaten darauf verteilen, dabei die Salatviertel zuletzt darauflegen. Die Tortillas zu Wraps aufrollen und sofort servieren.

Keine Lust auf Fleisch?

Das Roastbeef kann man wunderbar durch 400 g Stremellachs ersetzen, den man in feine Stücke zupft. Ganz vegetarisch schmecken die Wraps mit der doppelten Menge Frischkäse, Mayonnaise und Staudensellerie sowie zusätzlich 100 g Baby-Spinatblättern und einer dicken, fein geraspelten Möhre.

Ideal als kleines Abendessen
Meer davon!

Krabbentoast
mit Kräuterrahm

FÜR 2 PERSONEN
ZUBEREITUNG: 20 MIN.

Für den Toast:
120 g TK-Krabben
1 kleine Tomate
1–2 Blätter Eisbergsalat
4 Scheiben Toastbrot
Salz · Pfeffer aus der Mühle

Für den Kräuterrahm:
80 g Crème fraîche
1–2 TL Milch (je nach Konsistenz der Crème fraîche)
½ TL scharfer Senf
1 EL TK-Kräutermischung
etwas Zitronensaft
Salz
Zucker
Cayennepfeffer

Für das Dressing:
2 EL Gemüsebrühe
1 EL weißer Balsamico-Essig
½ TL scharfer Senf
1–2 EL mildes Olivenöl
Salz · Pfeffer aus der Mühle
Zucker
2 TL TK-Petersilie

1. Für den Toast die Krabben 15 Minuten auftauen lassen. Für den Kräuterrahm die Crème fraîche mit der Milch glatt rühren. Senf und tiefgekühlte Kräutermischung hinzufügen und mit einigen Tropfen Zitronensaft, Salz und je 1 Prise Zucker und Cayennepfeffer würzen.

2. Für das Dressing Brühe, Essig, Senf und Öl gründlich verrühren und mit Salz, Pfeffer und 1 Prise Zucker abschmecken. Die tiefgekühlte Petersilie gut unterrühren.

3. Die aufgetauten Krabben waschen und trocken tupfen. Mit knapp der Hälfte des Salatdressings marinieren.

4. Für den Toast die Tomate waschen und in dünne Scheiben schneiden, dabei den Stielansatz entfernen. Den Salat waschen, abtropfen lassen und in Streifen schneiden. Das Toastbrot rösten.

5. Den Salat mit der restlichen Marinade mischen. Auf 2 Toastbrotscheiben verteilen, die Tomatenscheiben darauflegen und mit Salz und Pfeffer würzen. Den Kräuterrahm darüberträufeln und die Krabben darauf verteilen. Etwas Pfeffer darübermahlen und mit je 1 Toastbrotscheibe bedecken. Den Toast diagonal halbieren und auf kleine Teller setzen.

Ciabatta statt Toast

Statt Toastbrot können Sie auch 4 italienische Mini-Ciabatta nehmen. Die Ciabatta kurz aufbacken und etwas abkühlen lassen. Mit den Zutaten aus dem Rezept belegen.

Eine für alles – die Pfanne

Wir brutzeln darin in Windeseile Wok-Gerichte, braten Frikadellen, garen One-Pot-Pasta oder köcheln Thai-Currys: eine große beschichtete Pfanne mit hohem Rand und passendem Deckel ist das Universalgenie der schnellen Küche.

Minutensachen: Favoriten für die Pfanne

Die Faustregel für Pfannengerichte: Zutaten mit längerer Garzeit kleiner schnippeln als Zutaten mit kurzer Garzeit oder einfach als Erstes in die Pfanne geben.

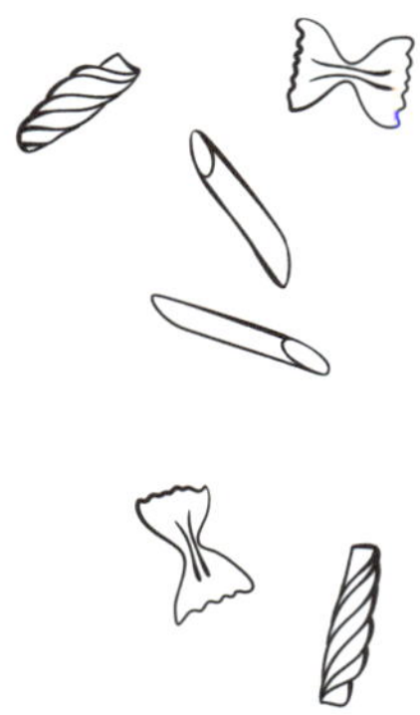

Frisches Gemüse
Robuste Sorten (Garzeit 3–5 Min.):
Zwiebeln, Möhren, Pilze, Zuckerschoten, Paprika, Kohl, grüner Spargel, Fenchel
Zarte Sorten (Garzeit 1–2 Min.):
Zucchini, Sprossen, Frühlingszwiebeln, Tomaten, Blattspinat, Chinakohl

Pasta, Reis & Co.
Gegarter Reis, Kartoffeln oder Pasta (am besten vom Vortag) schmecken am besten, wenn sie knusprig angebraten werden. Reisnudeln oder Couscous werden vorgegart, während das Gemüse schon in der Pfanne brutzelt, und zum Schluss untergemischt. Wok-Nudeln brauchen Flüssigkeit, sie garen in der Sauce.

Fleisch und Geflügel
Ob Hähnchenbrust, Steak oder Hack – alles, was sich zum Kurzbraten eignet, ist in Pfannengerichten gut aufgehoben. Größere Fleischstücke in Streifen oder Würfel schneiden, vor den anderen Zutaten kräftig anbraten, herausnehmen und erst zum Schluss wieder untermischen, damit es nicht trocken wird.

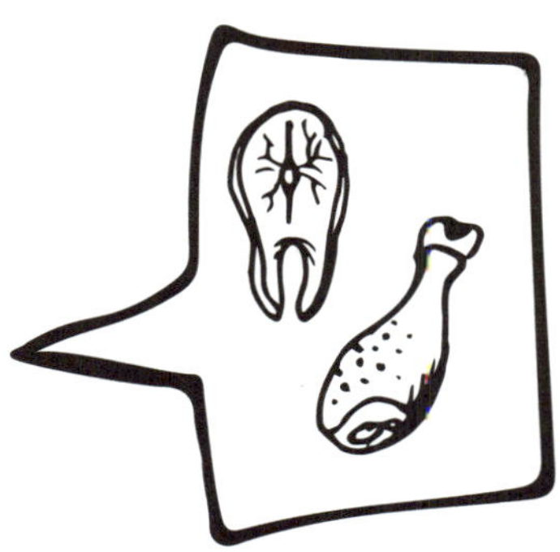

Fisch & Garnelen
Fischfilet ist zart und schnell gar. Für Pfannengerichte am besten in Stücke oder Streifen schneiden, zum Schluss unterheben und einige Minuten gar ziehen lassen. Oder auf die Zutaten in der Pfanne legen und zugedeckt garen. Aufgetaute Garnelen gut trocken tupfen und kurz mitbraten.

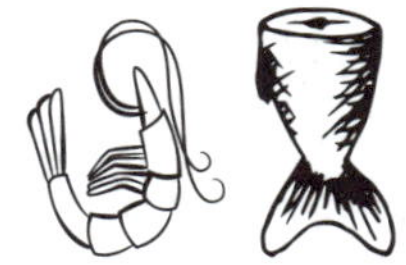

Frische Kräuter
Eine Handvoll davon über die Pfannengerichte gestreut, macht den Unterschied. Basilikum für mediterrane Geschmacksrichtungen, Koriander für Asiatisches, Minze mit Petersilie, wenn's arabisch angehaucht sein soll, Schnittlauch für Heimatgefühle.

Schneller geht's nicht: One-Pot-Pasta

Für 2 Personen 200 g Spaghetti in eine Pfanne mit hohem Rand (oder einen weiten Topf) geben. 1 Zwiebel und 1 Knoblauchzehe in dünne Scheiben schneiden und dazugeben. Blätter von 2 Basilikumstielen abzupfen, Stiele zu den Nudeln geben. 500 ml kaltes Wasser, 250 ml stückige Tomaten (Dose), 1 EL Olivenöl, 1 TL Salz und 1 Msp. Cayennepfeffer zufügen. Zugedeckt zum Kochen bringen, dann ohne Deckel bei mittlerer Hitze 10 bis 12 Minuten köcheln lassen. Ab und zu umrühren. Mit Salz und Pfeffer abschmecken, mit gehackten Basilikumblättern und nach Wunsch mit geriebenem Parmesan bestreuen.

Ein Hauch von Orient
Für Gäste

Halloumi
mit Spinat und Granatapfel

FÜR 4 PERSONEN
ZUBEREITUNG: 20 MIN.

1 Granatapfel
300 g frischer Blattspinat
1 Schalotte
6 EL Olivenöl
Salz • Pfeffer aus der Mühle
etwas Zucker
1 EL Zitronensaft
250 g Halloumi
2 EL gehackte Mandeln

1. Den Granatapfel rundum andrücken, halbieren und die Kerne mit einem Löffel herausklopfen (siehe S. 14). Den Spinat verlesen und waschen, grobe Stiele entfernen. In einem Sieb gut abtropfen lassen und die Blätter grob in Stücke zupfen. Die Schalotte schälen und in feine Würfel schneiden.

2. In einer Pfanne 5 EL Olivenöl erhitzen und den Spinat mit den Schalottenwürfeln und den Granatapfelkernen darin 1 bis 2 Minuten andünsten. Mit Salz, Pfeffer, Zucker und Zitronensaft abschmecken.

3. Den Halloumi im restlichen Olivenöl in einer Pfanne auf beiden Seiten goldbraun braten und in 4 gleich große Quadrate schneiden.

4. Den Spinatsalat auf Teller verteilen und mit je 1 Halloumi-Stück garnieren. Mit den gehackten Mandeln bestreut servieren.

Auch ideal vom
Holzkohlegrill
GANZ
EASY

Marinierte Zucchini

mit Feta-Dip

FÜR 2 PERSONEN
ZUBEREITUNG: 20 MIN.

2 mittelgroße Zucchini
2–3 Zweige Thymian
2 EL Weißweinessig
1 EL Zucker
2 EL Olivenöl
2 EL Knoblauchöl (ersatzweise Olivenöl; siehe Tipp)
Salz • Pfeffer aus der Mühle
100 g Feta (Schafskäse)
100 g Naturjoghurt
1 Spritzer Zitronensaft

1. Die Zucchini putzen, waschen und quer in ½ cm dicke Scheiben schneiden. Den Thymian waschen und trocken schütteln, die Blätter abzupfen und fein hacken. Essig, Zucker, Olivenöl und 1 EL Knoblauchöl verrühren und die Vinaigrette mit dem Thymian würzen.

2. Die Zucchinischeiben in einer Grillpfanne ohne Fett auf jeder Seite etwa 1 Minute braten, herausnehmen und auf eine Platte legen. Mit Salz und Pfeffer kräftig würzen, mit der Vinaigrette beträufeln und abkühlen lassen.

3. Inzwischen für den Dip den Käse mit einer Gabel zerdrücken, mit Joghurt, Zitronensaft und übrigem Knoblauchöl glatt rühren. Mit Salz und Pfeffer würzen. Die marinierten Zucchini mit dem Dip anrichten, dazu passt geröstetes Brot.

Selbst gemachtes Knoblauchöl

Knoblauchöl finden Sie in jedem gut sortierten Supermarkt. Es lässt sich aber auch ganz einfach selbst herstellen: 4 Knoblauchzehen schälen, längs halbieren, in ein Schraubglas geben und mit 100 ml Raps- oder Olivenöl aufgießen. Im Kühlschrank 1 bis 2 Tage ziehen lassen, dann innerhalb von 1 Woche verbrauchen.

Fixe Pastasaucen

Aus einfachsten Zutaten, im Nu fertig gemixt und mit Pasta immer ein Hit: Pestos sind wahre Wunder der schnellen Küche. In Gläschen abgefüllt und mit Öl bedeckt, sind sie im Kühlschrank bis zu 2 Wochen haltbar – am besten gleich mehr davon zubereiten!

Grünes Pesto

alla genovese

1. 40 g Pinienkerne in einer Pfanne ohne Fett unter Rühren bei mittlerer Hitze anrösten, bis sie goldbraun sind und duften. Auf einen Teller geben und abkühlen lassen.

2. 90 g Basilikumblätter waschen, trocken schütteln und grob zupfen. 1 Knoblauchzehe schälen. Beides in den Blitzhacker geben. 60 g Parmesan, Pinienkerne und etwa 50 ml Olivenöl dazugeben.

3. Die Basilikummischung im Blitzhacker oder mit dem Stabmixer kurz grob pürieren. Dann etwa 150 ml Olivenöl dazugießen und alles fein pürieren.

4. Das Pesto mit Salz und Pfeffer abschmecken und mit etwas Nudelwasser mischen. Frisch gegarte Pasta tropfnass dazugeben und untermischen.

Spaghetti
al pesto rosso

FÜR 4 PERSONEN
ZUBEREITUNG: 20 MIN.

50 g Pinienkerne
1 Knoblauchzehe
200 g getrocknete Tomaten (in Öl)
50 g Parmesan (am Stück)
20 Basilikumblätter
150 ml mildes Olivenöl
Salz · Pfeffer aus der Mühle
400 g Spaghetti

1. Die Pinienkerne in einer Pfanne ohne Fett goldbraun rösten, vom Herd nehmen und abkühlen lassen. Den Knoblauch schälen und klein schneiden. Die Tomaten in einem Sieb abtropfen lassen und klein schneiden. Den Parmesan fein reiben.

2. Pinienkerne, Knoblauch, Tomaten und Parmesan in einen hohen Rührbecher füllen. Basilikumblätter und Olivenöl dazugeben und mit dem Stabmixer fein pürieren. Das Pesto mit Salz und Pfeffer würzen.

3. Die Spaghetti nach Packungsanweisung in reichlich kochendem Salzwasser bissfest garen. Auf einem Sieb kurz abtropfen lassen und mit dem Pesto mischen. In tiefen Tellern anrichten. Nach Belieben mit geriebenem Parmesan bestreuen.

Der Klassiker mit Petersilie und Chili aufgepeppt!

Spaghetti carbonara
mit Petersilie und Chili

FÜR 4 PERSONEN
ZUBEREITUNG: 20 MIN.

400 g Spaghetti
Salz
150 g Pancetta (ital. Bauchspeck; in Scheiben)
120 g Parmesan (am Stück)
1 EL Olivenöl
3 Eier (Größe L)
60 g Sahne
2 EL gehackte Petersilie
½ TL milde Chiliflocken
Pfeffer aus der Mühle

1. Die Spaghetti nach Packungsanweisung in reichlich kochendem Salzwasser bissfest garen.

2. Inzwischen die Pancetta in feine Streifen schneiden. Den Parmesan fein reiben. Das Olivenöl in einer großen Pfanne erhitzen und die Pancetta darin bei mittlerer Hitze knusprig braten.

3. Die Eier, die Sahne und den Parmesan in einer Schüssel gut verrühren. In die Pfanne geben und mit der Pancetta nur erwärmen.

4. Die Spaghetti mit der Pastazange aus dem Kochwasser heben und kurz abtropfen lassen. Zur Eier-Speck-Mischung geben und gut verrühren. Dabei darauf achten, dass die Sauce nicht kocht. Falls nötig, noch etwas Nudelkochwasser dazugeben.

5. Die Petersilie und die Chiliflocken unterrühren und die Spaghetti carbonara mit Salz und Pfeffer würzen. Die Spaghetti in tiefen Tellern anrichten und nach Belieben mit frisch geriebenem Parmesan bestreuen.

Ein paar Tropfen Zitronensaft
sorgen für die nötige Frische
ECHT
EDEL

Muschelnudeln

mit Estragon-Fenchel und Forelle in Anissauce

FÜR 4 PORTIONEN
ZUBEREITUNG: 20 MIN.

400 g Muschelnudeln
Salz
1 Stange Lauch (ca. 200 g)
2 Fenchelknollen (ca. 600 g)
4 geräucherte Forellenfilets (ca. 500 g)
2 EL Butter
2 TL getrockneter Estragon
5 EL Anisschnaps
200 g Sahne
Pfeffer aus der Mühle
Zitronensaft
½ Bund Dill
½ Bund Estragon
½ Bio-Zitrone

1. Die Nudeln in reichlich Salzwasser nach Packungsanweisung bissfest garen.

2. Inzwischen den Lauch putzen, waschen und in etwa 2 cm dicke Ringe schneiden. Den Fenchel putzen, waschen und in mundgerechte Stücke schneiden. Die Forellenfilets in mundgerechte Stücke schneiden.

3. Die Butter in einem Topf erhitzen und den Lauch und den Fenchel darin bei mittlerer Hitze anbraten. Den getrockneten Estragon hinzufügen und alles 4 bis 5 Minuten erhitzen. Mit dem Anisschnaps und der Sahne ablöschen und die Sauce mit Pfeffer und Zitronensaft abschmecken.

4. Den Dill waschen, trocken schütteln und die Spitzen grob abzupfen. Den Estragon waschen, trocken schütteln und 4 Stiele beiseitelegen. Von den restlichen Stielen die Blätter abzupfen. Die Zitrone heiß waschen, trocken reiben und in dünne Scheiben schneiden, die Scheiben halbieren.

5. Dillspitzen und Estragonblätter mit den Forellenstücken in die Sauce geben. Die Nudeln in ein Sieb abgießen, abtropfen lassen und unter die Sauce heben. Die Muschelnudeln mit Zitronenscheiben und Estragonstielen garniert servieren.

Macht gesund satt, ohne zu belasten
LOW CARB

Rindfleischsalat
mit Avocado und Bohnen

FÜR 2 PERSONEN
ZUBEREITUNG: 20 MIN.

Für das Dressing:
2 EL Zitronensaft
1 TL Senf
1 TL flüssiger Honig
1 EL Sojasauce
Pfeffer aus der Mühle
1 EL Lein- oder Rapskernöl

Außerdem:
300 g grüne Bohnen
Salz
120 g Kidneybohnen (aus der Dose)
½ Avocado
etwas Zitronensaft
4 bunte Cocktailtomaten
Pfeffer aus der Mühle
250 g Roastbeef-Aufschnitt (in dünnen Scheiben)

1. Für das Dressing Zitronensaft, Senf, Honig und Sojasauce gut verrühren und mit Pfeffer würzen. Das Öl unterschlagen.

2. Die grünen Bohnen putzen, waschen und in kochendem Salzwasser 6 bis 8 Minuten bissfest garen. In ein Sieb abgießen, kalt abschrecken und gut abtropfen lassen. Inzwischen die Kidneybohnen in ein Sieb abgießen, kalt abbrausen und gut abtropfen lassen.

3. Den Stein der Avocadohälfte ggf. entfernen. Die Avocadohälfte schälen, das Fruchtfleisch in Scheiben schneiden und mit etwas Zitronensaft beträufeln, damit es sich nicht bräunlich verfärbt. Die Tomaten waschen und halbieren.

4. Die Tomaten und beide Bohnensorten in einer Schüssel mit dem Dressing mischen. Die Avocadoscheiben locker unterheben und den Salat nochmals mit Salz und Pfeffer würzen. Die Roastbeef-Scheiben jeweils zu Röllchen aufrollen und zum Salat servieren.

Kartoffeln aus der Pfanne

Unser Liebling seit Kindertagen! Für perfekt knusprige Bratkartoffeln braucht man eine große Pfanne, damit die Kartoffelscheiben nebeneinander liegen können. Das Wichtigste ist Geduld: Die Scheiben dürfen erst gewendet werden, wenn sie auf der Unterseite schön goldbraun und kross gebraten sind.

Bratkartoffeln

ganz klassisch

1. 800 g gegarten und abgekühlten Kartoffeln pellen und in etwa ½ cm dicke gleichmäßige Scheiben schneiden.

2. Kartoffeln portionsweise in heißem Butterschmalz oder Öl bei mittlerer Hitze etwa 10 Minuten goldbraun braten, dann einmal wenden und 10 Minuten fertig braten.

3. 1 Zwiebel schälen und in feine Würfel schneiden. Dazugeben und durch Rütteln der Pfanne untermischen. Nur kurz mitbraten, damit sie nicht anbrennen.

4. Die Bratkartoffeln mit Salz, Pfeffer und Kümmel würzen. Zum Schluss in Röllchen geschnittenen Schnittlauch dazugeben.

Majorankartoffeln
mit Speck

FÜR 4 PERSONEN
ZUBEREITUNG: 20 MIN.

800 g gegarte festkochende Kartoffeln (mit Schale; vom Vortag)
2–3 EL Butterschmalz
100 g durchwachsener Räucherspeck (in Würfeln)
1 Zwiebel
Salz · Pfeffer aus der Mühle
1 EL gehackter Majoran

1. Die Kartoffeln pellen und in etwa ½ cm dicke gleichmäßige Scheiben schneiden.

2. Das Butterschmalz in einer großen Pfanne erhitzen. Die Speckwürfel darin anbraten und wieder herausnehmen. Die Kartoffelscheiben im Bratfett bei mittlerer Hitze etwa 10 Minuten goldbraun braten. Wenden und auf der anderen Seite nochmals etwa 10 Minuten braten.

3. Die Zwiebel schälen und in feine Würfel schneiden. Mit dem Speck zu den Kartoffeln geben und durch Rütteln der Pfanne untermischen. Kurz mitbraten. Die Kartoffeln mit Salz und Pfeffer abschmecken und den Majoran darüberstreuen.

Spanische Bratkartoffeln

mit Chorizo und Oliven

FÜR 4 PERSONEN
ZUBEREITUNG: 20 MIN.

800 g gegarte festkochende Kartoffeln (mit Schale; vom Vortag) · 100 g Chorizo (span. Paprikawurst; am Stück)
2 EL Öl · 50 g schwarze Oliven (ohne Stein)
Salz · Pfeffer aus der Mühle
1 EL gehackte Petersilie

1. Die Kartoffeln pellen und in etwa ½ cm dicke gleichmäßige Scheiben schneiden. Die Chorizo in kleine Würfel schneiden.

2. Das Öl in einer großen Pfanne erhitzen. Die Chorizo darin anbraten und herausnehmen. Die Kartoffelscheiben im Bratfett bei mittlerer Hitze etwa 10 Minuten goldbraun braten. Wenden und auf der anderen Seite nochmals etwa 10 Minuten braten.

3. Die Oliven halbieren. Die Chorizo mit den Oliven unter die Bratkartoffeln rühren. Die Kartoffeln mit Salz und Pfeffer abschmecken und die Petersilie darüberstreuen.

Bratkartoffeln
mit Räucherforellenfilet

FÜR 4 PERSONEN
ZUBEREITUNG: 20 MIN.

800 g gegarte festkochende Kartoffeln (mit Schale; vom Vortag)
2–3 EL Butterschmalz
200 g Räucherforellenfilet
1 Handvoll Gartenkresse
Salz · Pfeffer aus der Mühle
frisch geriebener Meerrettich

1. Die Kartoffeln pellen und in etwa ½ cm dicke gleichmäßige Scheiben schneiden.

2. Das Butterschmalz in einer großen Pfanne erhitzen. Die Kartoffelscheiben darin bei mittlerer Hitze 10 Minuten goldbraun braten. Wenden und auf der anderen Seite nochmals 10 Minuten braten.

3. Das Räucherforellenfilet zerzupfen. Die Kresse waschen und trocken tupfen. Die Kartoffeln mit Salz und Pfeffer abschmecken. Die Forelle und die Kresse zu den Kartoffeln geben und etwas Meerrettich darüberstreuen.

Amerikas Antwort auf Krautsalat
Burger satt

Steak-Sandwich
mit Zwiebelringen

FÜR 4 PERSONEN
ZUBEREITUNG: 20 MIN.

- 2 Zwiebeln
- Salz
- 6 EL Sonnenblumenöl
- 2 Zweige Majoran
- ½ Bund Schnittlauch
- 1 EL Butter
- Pfeffer aus der Mühle
- 4 Kaiserbrötchen
- 8 kleine Ochsen- oder Rinderfiletsteaks (à 40 g)

1. Die Zwiebeln schälen, in feine Ringe schneiden und leicht mit Salz würzen. Die Hälfte des Öls in einer Pfanne erhitzen und die Zwiebelringe darin bei mittlerer Hitze etwa 8 Minuten goldbraun braten.

2. Den Backofen auf 50 °C vorheizen. Majoran und Schnittlauch waschen und trocken schütteln. Die Majoranblättchen abzupfen und fein hacken, den Schnittlauch in feine Röllchen schneiden. Die Kräuter mit der Butter unter die Zwiebeln rühren, mit Pfeffer würzen. Die Zwiebeln im Ofen warm stellen.

3. Die Brötchen jeweils halbieren und auf dem Ofengitter im Ofen erwärmen. Das restliche Öl in einer Pfanne erhitzen und die Steaks darin auf jeder Seite 1 bis 2 Minuten bei starker Hitze anbraten (medium rare bis medium). Mit Salz und Pfeffer würzen.

4. Das Fleisch und die Zwiebeln auf den unteren Brötchenhälften verteilen, mit den oberen Hälften bedecken und die Steak-Sandwiches nach Belieben mit Coleslaw servieren.

Der etwas andere Krautsalat

Perfekt zu diesem Steak-Sandwich passt Coleslaw – die amerikanische Variante des Krautsalats. Dieser Salat enthält zusätzlich geraspelte Möhren und wird mit einem Dressing auf Mayonnaisebasis angemacht.

ASIA-
STYLE

Gemüse-Wok
mit Rumpsteak

FÜR 2 PERSONEN
ZUBEREITUNG: 20 MIN.

1 walnussgroßes Stück Ingwer
1 Knoblauchzehe
5 EL Sojasauce
1 Rumpsteak (ca. 225 g)
150 g Zuckerschoten
1 rote Paprikaschote
2 Zwiebeln
50 g Mungobohnensprossen
80 g Buchweizennudeln (Soba; aus dem Asialaden)
Salz
3 EL natives Kokosöl
2–3 EL Limettensaft
Salz
Chiliflocken

1. Ingwer und Knoblauchzehe schälen und in feine Würfel schneiden. In einer flachen Schale mit 2 EL Sojasauce mischen. Das Fleisch quer zur Faser in dünne Streifen schneiden und in der Ingwer-Sojasaucen-Marinade wenden.

2. Die Zuckerschoten putzen, waschen und jeweils schräg in 3 bis 4 Stücke schneiden. Die Paprikaschote halbieren, entkernen, waschen und in dünne Streifen schneiden. Die Zwiebeln schälen, halbieren und in feine Spalten schneiden. Die Mungobohnensprossen in einem Sieb kalt abbrausen und gut abtropfen lassen.

3. Die Nudeln in reichlich Salzwasser nach Packungsanweisung bissfest garen. In ein Sieb abgießen und abtropfen lassen.

4. In einem Wok oder einer großen Pfanne 2 EL Öl erhitzen und das Gemüse darin bei starker Hitze unter Rühren etwa 5 Minuten braten. Aus der Pfanne nehmen und warm halten.

5. Das restliche Öl in den Wok geben und das Fleisch darin bei starker Hitze 2 bis 3 Minuten anbraten. Limettensaft, restliche Sojasauce, Gemüse, Sprossen und Nudeln dazugeben, alles mischen und nochmals kurz erhitzen. Den Gemüse-Wok mit etwas Salz und Chiliflocken abschmecken.

Vielseitig einsetzbar: Mungobohnensprossen

Mungobohnensprossen eignen sich prima als Topping für Salate oder knackige Einlage in Suppen. Am besten frisch verwenden oder maximal 2 Tage aufbewahren.

In Asia-Schälchen und mit Duftreis servieren
Schön scharf

Mango-Garnelen-Curry

mit Paprika und Süßkartoffel

FÜR 2 PERSONEN
ZUBEREITUNG: 20 MIN

1 Zwiebel
20 g Ingwer
1 Knoblauchzehe
1 rote Chilischote
1 rote Spitzpaprikaschote
1 Süßkartoffel (ca. 300 g)
1 große reife Mango
200–250 g küchenfertige Garnelen
2 EL Öl
1–2 TL Rohrohrzucker
2–3 TL gelbe Currypaste (aus dem Asialaden)
½ TL Garnelenpaste (aus dem Asialaden)
200 ml Kokosmilch
Salz
1–1 ½ EL Limettensaft
1 EL Koriandergrün

1. Zwiebel, Ingwer und Knoblauch schälen und in feine Würfel schneiden. Chili- und Paprikaschote längs halbieren, entkernen und waschen. Die Chili in feine Würfel, die Paprika in große Würfel schneiden. Die Süßkartoffel schälen, längs vierteln und in Scheiben schneiden. Die Mango schälen, das Fruchtfleisch zunächst vom Stein und dann in Scheiben schneiden. 250 g abwiegen. Die Garnelen abbrausen, abtropfen lassen und mit Küchenpapier trocken tupfen.

2. Das Öl in einer Pfanne erhitzen. Zwiebel, Ingwer und Chili darin andünsten, bis die Zwiebel glasig ist. Den Knoblauch kurz mitdünsten. 1 TL Zucker, Curry- und Garnelenpaste hinzufügen und etwas andünsten. Paprika und Süßkartoffel dazugeben und mitdünsten. Kokosmilch und ¼ l heißes Wasser dazugeben. Leicht mit Salz würzen und offen 2 bis 3 Minuten einkochen, dann zugedeckt weitere 2 bis 3 Minuten garen.

3. Die Mangoscheiben auf das Curry legen und zugedeckt 2 bis 3 Minuten erwärmen. Die Garnelen darauflegen und alles zugedeckt weitere 2 bis 3 Minuten köcheln, bis die Süßkartoffeln und die Garnelen gar sind.

4. Alle Zutaten gut verrühren und das Curry mit Salz, Zucker und Limettensaft abschmecken. Das Mango-Garnelen-Curry auf zwei Teller oder Schüsseln verteilen und mit Koriander bestreut servieren.

Besonders schonend gegart
So gesund

Gedämpftes Lachsfilet
mit Balsamico-Tomaten

FÜR 2 PERSONEN
ZUBEREITUNG: 20 MIN.

2 Lachsfilets (à ca. 150 g)
Salz
Pfeffer aus der Mühle
4 Bio-Zitronenscheiben
2 Stiele Estragon
300 g bunte Cocktailtomaten
1 kleiner Zweig Rosmarin
2 Stiele Thymian
80 g Rucola
1 kleine Zwiebel
1 Knoblauchzehe
1½ EL Olivenöl
1 EL Aceto balsamico

1. Die Lachsfilets waschen, trocken tupfen und mit Salz und Pfeffer würzen. Die Zitronenscheiben in einen Dämpfeinsatz legen und die Lachsstücke daraufsetzen. Den Estragon waschen und trocken tupfen, die Blätter abzupfen, fein hacken und über den Lachs streuen.

2. Einen passenden Topf 2 bis 3 cm hoch mit Salzwasser füllen, den Dämpfeinsatz daraufsetzen und mit dem passenden Deckel verschließen. Das Wasser aufkochen und, sobald Dampf aufsteigt, den Lachs bei mittlerer Hitze 8 bis 10 Minuten dämpfen.

3. Inzwischen die Tomaten waschen und halbieren. Rosmarin und Thymian waschen und trocken tupfen. Rucola verlesen, waschen und trocken schütteln, dabei grobe Stiele entfernen, die Blätter grob hacken. Die Zwiebel und den Knoblauch schälen und in feine Würfel schneiden.

4. Das Olivenöl in einer Pfanne erhitzen und Zwiebel und Knoblauch darin andünsten. Tomaten, Rosmarin, Thymian und Essig dazugeben und alles zugedeckt etwa 3 Minuten dünsten. Dann Thymian und Rosmarin wieder entfernen und den Rucola unterheben. Mit Salz und Pfeffer würzen. Das Tomatengemüse mit dem gedämpften Lachs auf Tellern anrichten und servieren.

Die kleinen
Kuchen kommen
ganz fix aus der
Mikrowelle

Tassenkuchen
mit Orange und Sirup

FÜR 4 TASSEN (À 250 ML INHALT)
ZUBEREITUNG: 20 MIN.

Öl für die Tassen
160 g Mehl
180 g Zucker
1 TL Backpulver
Salz
2 Bio-Orangen
8 EL neutrales Öl
4 Eier

1. Die Tassen mit Öl einfetten. Das Mehl mit 120 g Zucker, Backpulver und 1 Prise Salz mischen. Die Orangen heiß waschen und trocken reiben, einige lange Schalenstreifen mit dem Sparschäler abziehen und zum Garnieren beiseitelegen, die restliche Schale fein abreiben. 1 Orange halbieren und auspressen (die andere Orange anderweitig verwenden).

2. In einer zweiten Schüssel 4 EL Orangensaft mit abgeriebener Orangenschale, Öl und Eiern gut verquirlen. Zur Mehlmischung geben und alles rasch, aber gründlich verrühren.

3. Den Teig in die Tassen füllen und nacheinander in der Mikrowelle auf höchster Stufe 1 ½ bis 2 Minuten garen. Dabei nach 1 Minute und nochmals nach 1 ½ Minuten die Stäbchenprobe machen: Wenn an einem hineingestochenen Holzstäbchen kein Teig mehr kleben bleibt, ist der Kuchen fertig. Den Kuchen herausnehmen und mit dem Holzstäbchen weitere Löcher in die Oberfläche stechen.

4. Für den Sirup 4 TL Wasser mit dem übrigen Orangensaft mischen. Den restlichen Zucker in einem Topf bei mittlerer Hitze ohne Rühren hell karamellisieren. Den Topf vom Herd nehmen und die Wasser-Saft-Mischung dazugießen. Alles gut verrühren. Über den Kuchen träufeln, mit Orangenschale garnieren.

Sie besitzen keine Mikrowelle?

Kein Problem – mit dem Backofen geht es auch! Den Ofen auf 180 °C vorheizen und die Tassenkuchen auf der mittleren Schiene etwa 20 Minuten backen.
Übrigens lässt sich das Rezept ganz einfach halbieren oder auch verdoppeln und funktioniert sogar für nur einen Kuchen.

Das leicht salzige Karamell ist der Clou
Top-
Dessert

Pancakes

mit Salzkaramell und bunten Beeren

FÜR 2 PERSONEN
ZUBEREITUNG: 20 MIN.

Für die Sauce:
50 g Rohrohrzucker
20 g Butter
ca. 3 EL Sahne
Salz oder Fleur de Sel

Für die Pancakes:
100 g Mehl
2 EL Zucker
1 TL Backpulver
1 TL Natron
1 Ei (Gr. L)
100 g saure Sahne
2 EL Öl

Außerdem:
30 g Walnusskerne
ca. 200 g gemischte Beeren (z. B. Heidelbeeren, Himbeeren und Erdbeeren)
Puderzucker zum Bestäuben

1. Für die Sauce den Zucker in einer Pfanne schmelzen und hellbraun karamellisieren. Die Butter dazugeben, schmelzen lassen und unterrühren. Dann 3 EL Sahne dazugeben und weiterrühren, bis sich der Karamell vollständig gelöst hat und eine cremige Sauce entstanden ist. Ggf. noch etwas Sahne unterrühren. Mit 1 Prise Salz oder Fleur de Sel leicht salzig abschmecken. Die Sauce in ein Schälchen füllen und die Pfanne säubern.

2. Für die Pancakes Mehl, Zucker, Backpulver und Natron in einer Schüssel mischen. Das Ei und die saure Sahne unterrühren. In der Pfanne 1 EL Öl erhitzen. Die Hälfte des Teigs in 3 kleinen Portionen in die Pfanne geben und bei mittlerer Hitze 2 bis 3 Minuten backen, bis die Unterseiten leicht gebräunt sind. Wenden und fertig backen, aus der Pfanne nehmen und auf Küchenpapier abtropfen lassen. Die übrigen 3 Pancakes genauso zubereiten.

3. Je 3 Pancakes auf einem Teller stapeln und mit etwas Karamellsauce beträufeln. Die Walnusskerne zerbröckeln und darüberstreuen. Die Beeren verlesen, waschen und abtropfen lassen. Pancakes mit Puderzucker bestäuben und die Beeren darauf anrichten.

Schnelle Helden: 30-Minuten-Rezepte

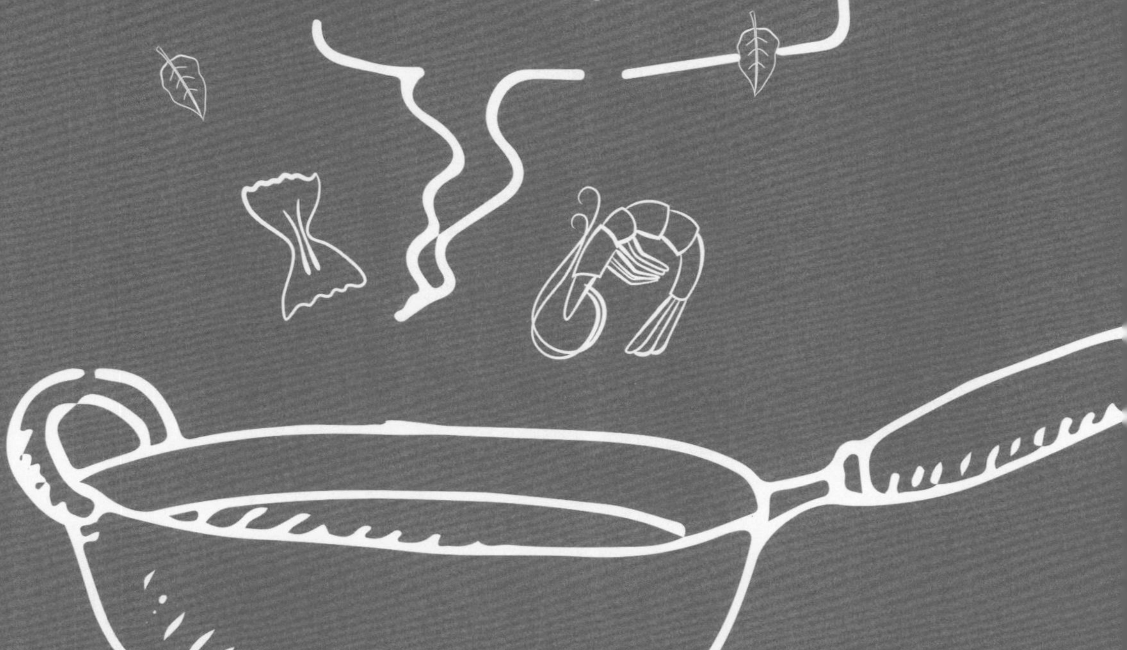

Vitaminbombe für die
kalte Jahreszeit
GANZ
EASY

Karamellisierte Steckrüben
mit Feldsalat

FÜR 2 PERSONEN
ZUBEREITUNG: 25 MIN.

150 g Feldsalat
2 EL Weißweinessig (ersatzweise Apfelessig)
Salz · Pfeffer aus der Mühle
1 EL Zucker
2 EL Öl
250 g Steckrübe
1 EL Butterschmalz
gemahlene Kurkuma
4 EL Croûtons (siehe Tipp)
6 Walnusshälften

1. Den Feldsalat verlesen, waschen und trocken schleudern. Für die Vinaigrette den Essig mit Salz, Pfeffer und 1 Prise Zucker verrühren und das Öl unterschlagen.

2. Die Steckrübe schälen, in etwa ½ cm große Würfel schneiden und in wenig Salzwasser 5 Minuten garen. In ein Sieb abgießen und abtropfen lassen.

3. Inzwischen den restlichen Zucker in einem kleinen Topf schmelzen und hell karamellisieren. Den Topf vom Herd nehmen, das Butterschmalz und 1 Prise Kurkuma unterrühren und die Steckrüben darin schwenken.

4. Den Feldsalat auf Teller verteilen und mit der Vinaigrette beträufeln. Die Steckrübenwürfel auf den Salat setzen und mit Croûtons und Walnusshälften garnieren. Dazu passt Naan-Brot (indisches Fladenbrot).

Knusper, knusper ...

Sie können die knusprigen Brotstücke auch selbst herstellen. Dafür 2 Scheiben beliebiges Brot in kleine Würfel schneiden und in einer Pfanne in Öl kross braten (siehe S. 109).

HEIZT
EIN!

Möhren-Süßkartoffel-Suppe

mit Minz-Croûtons

FÜR 2 PERSONEN
ZUBEREITUNG: 30 MIN.

Für die Suppe:
300 g Möhren
120 g Süßkartoffel
1 Zwiebel
2 EL Olivenöl
Lebkuchengewürz (siehe Tipp)
½ l Milch
Salz
Cayennepfeffer aus der Mühle

Für die Croûtons:
2 Scheiben Toastbrot
2 EL gehackte Minze (ersatzweise Petersilie)
20 g weiche Butter
Salz

1. Für die Suppe die Möhren putzen und schälen. Die Süßkartoffel schälen und waschen, dann beides in grobe Würfel schneiden. Die Zwiebel schälen und in nicht zu dünne Ringe schneiden. Das Olivenöl in einem Topf erhitzen. Die Zwiebelringe darin hell andünsten und dann mit einer Gabel aus dem Topf entfernen.

2. Die Möhren- und Süßkartoffelwürfel mit 1 Prise Lebkuchengewürz im Zwiebelöl farblos andünsten. Die Milch dazugießen und alles bei schwacher bis mittlerer Hitze etwa 15 Minuten köcheln lassen, bis die Gemüsewürfel weich sind.

3. Inzwischen für die Croûtons die Toastscheiben entrinden und in kleine Würfel schneiden. Die Minze unter die weiche Butter rühren und die Kräuterbutter leicht mit Salz würzen. Die Kräuterbutter in einer Pfanne zerlassen und die Brotwürfel darin bei schwacher Hitze unter Wenden etwa 5 Minuten knusprig rösten. Die Croûtons herausnehmen und beiseitestellen.

4. Die Suppe mit dem Stabmixer fein pürieren und mit Salz und Cayennepfeffer würzen. Die Möhren-Süßkartoffel-Suppe auf tiefe Teller verteilen und mit den Croûtons bestreut servieren.

Für volles Aroma

Aus welchen Einzelgewürzen ein Lebkuchengewürz besteht, variiert von Hersteller zu Hersteller. Wichtig ist, dass die Suppe mit einer wärmenden Gewürzmischung verfeinert wird – das können auch Currymischungen, Glühwein- oder Spekulatiusgewürz sein. Alternativ können Sie auch ganze Gewürze in einem Einwegteebeutel verpackt mitgaren – diesen dann vor dem Pürieren wieder entfernen.

Ofen-
frisch

Tomatentarte
mit Kräutercreme und Rucola

FÜR 2 PERSONEN
ZUBEREITUNG: 30 MIN.

1 Rolle Blätterteig (ca. 275 g, auf Backpapier; aus dem Kühlregal)
250 g Cocktailtomaten
200 g Käuterfrischkäse
Salz · Pfeffer aus der Mühle
2 Handvoll Rucola
60 g Parmesan (am Stück)

1. Den Backofen auf 180 °C vorheizen. Ein Backblech mit Backpapier belegen. Den Blätterteig darauf entrollen. Die Tomaten waschen und halbieren.

2. Den Frischkäse auf dem Blätterteig verstreichen und die Tomaten darauf verteilen. Mit Salz und Pfeffer würzen. Die Tarte im Ofen auf der mittleren Schiene etwa 20 Minuten knusprig backen.

3. Inzwischen den Rucola verlesen, waschen und trocken schleudern, grobe Stiele entfernen. Die Tomatentarte aus dem Ofen nehmen. Den Rucola darauf verteilen und den Parmesan mit dem Sparschäler darüberhobeln.

Herbstliche Variante

Im Herbst können Sie die Tarte statt mit Tomaten mit etwa 150 g Kürbiswürfeln und etwa 100 g Süßkartoffelwürfeln belegen. Die Backzeit verlängert sich um 10 Minuten.

Ein herrlich krosser Knusperrand!
Finger-
food

Feta-Speck-Tartelettes

mit Pistazien

FÜR 12 STÜCK
ZUBEREITUNG: 30 MIN.

3 EL Butter
3 Blätter Filo- bzw. Yufkateig (30×40 cm; Fertigprodukt aus dem Kühlregal)
1 Stange Lauch
Salz
80 g Feta (Schafskäse)
½ Bund Petersilie
3 EL Crème fraîche
2 EL Speckwürfel
Pfeffer aus der Mühle
Paprikapulver (edelsüß)
2 EL gehackte Pistazien

1. Den Backofen auf 200 °C vorheizen. 2 EL Butter zerlassen. Die Teigblätter nebeneinander auf die Arbeitsfläche legen und mit der Butter bestreichen. Aus den Teigblättern 24 Quadrate à etwa 7 cm Kantenlänge schneiden und jeweils 2 Quadrate – mit der gebutterten Seite nach unten – so übereinanderlegen, dass sie einen Stern bilden. Die Teigsterne mit der gebutterten Seite nach unten in eine Mini-Muffinform drücken, sodass die Kanten oben überstehen.

2. Den Lauch putzen, dabei den dunkelgrünen Teil entfernen. Den Rest halbieren, waschen und abtropfen lassen. Den Lauch in sehr feine Streifen schneiden. Mit der restlichen Butter sowie 4 EL Wasser und etwas Salz in einen Topf geben und zugedeckt bei mittlerer Hitze etwa 10 Minuten dünsten. Den Lauch abgießen und abtropfen lassen.

3. Den Feta zerbröseln. Die Petersilie waschen, trocken schütteln, die Blätter abzupfen und fein hacken. Den Lauch mit der Crème fraîche, dem Schafskäse, den Speckwürfeln sowie der Petersilie verrühren und alles mit Pfeffer und 1 Prise Paprikapulver würzen. Die Mischung mit einem Löffel auf die Teigförmchen verteilen, jeweils mit Pistazien bestreuen und die Feta-Speck-Tartelettes im Ofen auf der mittleren Schiene 5 bis 6 Minuten goldbraun backen.

Zum fleischlosen „Wiener Schnitzel“ passen Salate aller Art
Good for you

Sellerieschnitzel
mit Zitronen-Chili-Dip

FÜR 4 PERSONEN
ZUBEREITUNG: 30 MIN.

1 Bio-Zitrone
1 Knollensellerie (ca. 800 g)
Salz · Pfeffer aus der Mühle
2 Eier
250 g Semmel- oder Weißbrotbrösel
3–4 EL Mehl
100 ml Öl zum Frittieren
1 EL Butter
100 g Mayonnaise
150 g saure Sahne
½ TL Chiliflocken
2 EL Schnittlauchröllchen

1. Die Zitrone heiß waschen und trocken reiben, die Schale fein abreiben und den Saft auspressen. Sellerie putzen, schälen, halbieren und in ½ cm dicke Scheiben schneiden. In kochendem Salzwasser mit Zitronensaft 3 bis 4 Minuten garen. Gut trocken tupfen und mit Salz, Pfeffer und Zitronenschale würzen.

2. Die Eier in einem tiefen Teller verquirlen. Die Weißbrotbrösel und das Mehl ebenfalls in tiefe Teller geben. Selleriescheiben im Mehl wenden, durch die Eier ziehen und mit den Bröseln panieren.

3. Das Öl in einer großen Pfanne erhitzen und die Schnitzel darin auf jeder Seite 2 bis 3 Minuten goldbraun braten. Die Pfanne vom Herd ziehen und das Öl vorsichtig abschütten. Die Butter in der Pfanne zerlassen, die Sellerieschnitzel darin wenden und auf Küchenpapier kurz abtropfen lassen.

4. Mayonnaise, saure Sahne, Chiliflocken und Schnittlauch verrühren. Mit Salz, Pfeffer und Zitronensaft würzen. Den Zitronen-Chili-Dip zu den Sellerieschnitzeln servieren.

Asia-
Style

Gemüsecurry
mit Joghurt und Tofu

FÜR 2 PERSONEN
ZUBEREITUNG: 30 MIN.

1 Knoblauchzehe
20 g Ingwer
1 rote Zwiebel
150 g Tofu
2 TL Öl
1 TL Senfkörner
2 TL Curryblätter
1 TL Currypulver
200 ml Kokosmilch
200 ml Gemüsebrühe
150 g Blumenkohl
100 g grüne Bohnen
50 g Zuckerschoten
120 g Fleischtomaten
2 TL Limettensaft
Salz
2–3 Stiele Koriander
80 g Naturjoghurt

1. Den Knoblauch und den Ingwer schälen und beides in feine Würfel schneiden. Die Zwiebel schälen und in Spalten schneiden. Den Tofu in Würfel schneiden.

2. Das Öl im Wok erhitzen und Knoblauch, Ingwer, Zwiebel und Tofu darin andünsten. Senfkörner, Curryblätter und -pulver dazugeben und kurz mitdünsten. Mit der Kokosmilch und der Brühe ablöschen.

3. Den Blumenkohl putzen, waschen und in Röschen teilen. Die Bohnen und die Zuckerschoten putzen und waschen. Die Tomate in grobe Würfel schneiden.

4. Blumenkohl und Bohnen zum Curry geben und zugedeckt 8 bis 10 Minuten köcheln lassen. Zuckerschoten und Tomatenwürfel hinzufügen und alles weitere 4 bis 5 Minuten garen. Mit Limettensaft und Salz abschmecken.

5. Koriander waschen, trocken tupfen und fein hacken. Das Curry auf Teller verteilen und mit dem Joghurt und dem Koriander anrichten. Dazu passt Basmatireis oder indisches Naan-Brot.

Keine Zeit zum Einkaufen?

Wer keine Senfkörner und Curryblätter parat hat, kann diese einfach weglassen und dafür mehr Currypulver nehmen. Alternativ können Sie die ganzen Gewürze durch 1 EL Currypaste ersetzen.

Heute schon an morgen denken

Was für Urgroßmutter selbstverständlich war, heißt heute „Meal Prep“. Das bedeutet nichts anderes als Vorkochen und Vorarbeiten: Wer auf eine große Auswahl an fertigen oder halbfertigen Komponenten zurückgreifen kann, spart Arbeit. Und ist gut vorbereitet, wenn's mal schnell gehen muss.

Coole Nummer

Der größte Freund des Meal Preppers ist der Kühlschrank. Vor allem für die kalte Küche unterwegs (siehe S. 54–55) kann vieles auf Vorrat zubereitet und bis zu 1 Woche kühl aufbewahrt werden. Das gilt besonders für Zutaten, die länger gegart werden müssen, wie Hülsenfrüchte, Reis und Körnerbeilagen. Aber auch für Gemüsesorten, die man in zerkleinertem Zustand problemlos mehrere Tage lagern kann, wie Kohl, Wurzelgemüse oder Paprika.

Gutes hinter Glas

In Gläsern eingekochte Lebensmittel lassen sich auch ohne Kühlung lang lagern. Durch die Hitzeeinwirkung werden Keime unschädlich gemacht. Gleichzeitig entsteht im Glas ein Vakuum, das verhindert, dass neue Keime von außen eindringen. Dafür stehen zwei Methoden zur Auswahl:

Sterilisieren
Die dicht verschlossenen Gläser werden in einem speziellen Einkochtopf oder im Backofen im Wasserbad über einen längeren Zeitraum auf mindestens 100 °C erhitzt. Auf diese Weise Eingekochtes ist mindestens 1 Jahr haltbar.

Pasteurisieren
Flüssiges wie zum Beispiel Saucen, Relishes oder Kompott wird nach dem Kochen so heiß wie möglich in vorgewärmte Gläser abgefüllt und sofort verschlossen. Der Inhalt ist 1 bis 3 Monate haltbar.

Sauber bleiben!
Fürs Einkochen müssen Gläser, Dichtungen und Verschlüsse absolut sauber sein. Deshalb alles am besten einige Zeit in Wasser auskochen. Zum Befüllen einen Trichter verwenden, damit der Glasrand nicht bekleckert wird.

Ein echter Allrounder

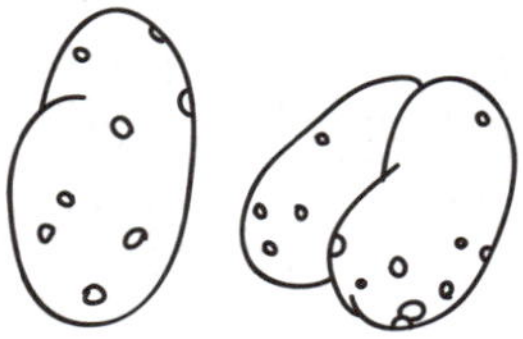

Pellkartoffeln übrig? Super!
Dann gibt es morgen Bratkartoffeln (siehe S. 88–91),
Bauernomelett (siehe S. 64) oder das hier (Rezepte für 2 Portionen):

Kartoffelsalat
500 g kalte Kartoffeln pellen, in Scheiben schneiden. 1 kleine fein gewürfelte Zwiebel in 100 ml Brühe einmal aufkochen, 3 EL Essig und 1 TL Senf unterrühren. Über die Kartoffeln gießen, kräftig mit Salz und Pfeffer würzen, mischen und 30 Minuten ziehen lassen. 2 EL Öl unterheben. Abschmecken und mit frischen Kräutern bestreuen.

Kartoffelgratin
400 g kalte Kartoffeln pellen, in dünne Scheiben schneiden. In eine gebutterte, mit ½ Knoblauchzehe ausgeriebene Auflaufform schichten, mit Salz und Pfeffer würzen. 100 ml Sahne, 50 ml Milch und 1 Ei verquirlen. Mit Salz, Pfeffer und 1 Prise Muskatnuss würzen. Über die Kartoffeln gießen, mit 30 g geriebenem Käse bestreuen. Im vorgeheizten Backofen bei 200 °C etwa 20 bis 25 Minuten goldbraun backen.

Zum
Grillen

Spargel-Minze-Couscous
mit Halloumi

FÜR 4 PERSONEN
ZUBEREITUNG: 30 MIN.

200 g Erbsen (tiefgekühlt)
120 g Instant-Couscous
1 TL Ras-el-Hanout (marokkanische Gewürzmischnung)
200 ml Gemüsebrühe
1 Bund grüner Spargel
40 g Butter
1 kleines Bund Minze
1 Bio-Zitrone
Salz · Pfeffer aus der Mühle
250 g Halloumi (Grillkäse)
1 EL Öl
200 g griechischer Joghurt

1. Die Erbsen auftauen lassen. Den Couscous mit dem Ras-el-Hanout in eine Schüssel geben. Die Brühe aufkochen, unterrühren und den Couscous zugedeckt 5 bis 6 Minuten quellen lassen. Dann mit einer Gabel auflockern.

2. Den Spargel waschen und nur im unteren Drittel schälen. Die holzigen Enden abschneiden und den Spargel schräg in dünne Scheiben schneiden.

3. Die Butter in einer Pfanne erhitzen, Spargel und Erbsen darin 3 bis 4 Minuten dünsten. Den Couscous untermischen, alles weitere 3 bis 4 Minuten garen und dann in eine Schüssel geben.

4. Die Minze waschen und trocken schütteln, die Blätter abzupfen und – bis auf einige zum Garnieren – grob hacken. Die Zitrone heiß waschen und trocken reiben, die Schale fein abreiben und den Saft auspressen. Minze, Zitronenschale und -saft unter den Couscous mischen und den Couscous mit Salz und Pfeffer würzen.

5. Den Halloumi in 1 cm dicke Scheiben schneiden. Das Öl in einer Grillpfanne erhitzen und den Käse darin auf jeder Seite 1 bis 2 Minuten goldbraun braten. Auf einen Teller legen.

6. Spargel-Minze-Couscous auf Teller verteilen, Halloumi darauf anrichten. Mit restlichen Minzeblättern, je 1 Klecks Joghurt und nach Belieben mit Fladenbrot und Zitronenspalten servieren.

Für Fischliebhaber

Anstelle des Halloumi können Sie auch knusprig gebratenes Fischfilet (z.B. Zanderfilet) mit dem Spargel-Minze-Couscous servieren.

Der Dip passt auch zu Pell- oder Bratkartoffeln

Zucchini-Kräuter-Bulgur
mit Würzjoghurt

FÜR 2 PERSONEN
ZUBEREITUNG: 30 MIN.

Salz
100 g Bulgur
3 EL getrocknete Physalis (siehe Tipp)
500 g Zucchini
½ Bio-Zitrone
1 Knoblauchzehe
1 Bund Dill
8 Stiele Minze
8 Stiele Petersilie
2 Frühlingszwiebeln
150 g Naturjoghurt
Pfeffer aus der Mühle
3 EL Olivenöl

1. In einem Topf 225 ml Wasser mit etwas Salz aufkochen. Den Bulgur einrühren, aufkochen lassen und die Physalis hinzufügen. Den Bulgur zugedeckt 20 bis 25 Minuten quellen lassen.

2. Inzwischen die Zucchini putzen, waschen und in etwa ½ cm dicke Scheiben schneiden. Die Zitrone heiß waschen und trocken reiben, die Schale abreiben und den Saft auspressen. Den Knoblauch schälen und in feine Würfel schneiden.

3. Die Kräuter waschen und trocken schütteln, die Blätter abzupfen und getrennt fein hacken. Die Frühlingszwiebeln putzen, waschen und mit dem Grün in feine Ringe schneiden. Den Joghurt mit der Hälfte der Minze und 1 EL Dill verrühren, mit 2 Msp. Zitronenschale, 1 EL Zitronensaft, Salz und Pfeffer würzen.

4. In einer Pfanne das Olivenöl erhitzen, die Zucchini und den Knoblauch darin leicht braun braten, mit Salz und Pfeffer würzen. Eventuell zuletzt 2 bis 3 EL Wasser dazugeben und bei schwacher Hitze fertig garen. Den Bulgur mit Zucchini, Frühlingszwiebelringen und restlichen Kräutern mischen und auf Teller verteilen. Etwas Würzjoghurt darüberträufeln, den Rest separat dazu servieren.

Kleines Wunder

Kleine Beeren, große Wirkung: Physalis gelten zu Recht als Superfood. Sie senken den Blutzuckerspiegel, sollen schlank machen und liefern spezielle Antikörper, die unsere Abwehrkräfte stärken.

MIT
BISS

Penne

mit Gorgonzola, Spinat und Walnüssen

FÜR 4 PERSONEN
ZUBEREITUNG: 30 MIN.

1 Zwiebel
1 EL Butter
100 ml Weißwein
200 ml Hühnerbrühe
200 g Sahne
1–2 TL Speisestärke
150 g Gorgonzola dolce
(mit Mascarpone)
Salz · Pfeffer aus der Mühle
½ TL abgeriebene Bio-Zitronenschale
400 g Penne
200 g junger Spinat
50 g gehackte Walnüsse

1. Die Zwiebel schälen und in feine Würfel schneiden. Die Butter in einem Topf erhitzen und die Zwiebelwürfel darin 1 bis 2 Minuten andünsten. Mit dem Wein ablöschen und einkochen lassen. Die Brühe und die Sahne dazugießen und alles 5 Minuten köcheln lassen.

2. Die Speisestärke mit 2 bis 3 EL kaltem Wasser glatt rühren und die Sauce damit binden. Den Käse klein schneiden und in der Sauce schmelzen lassen. Die Käsesauce mit dem Stabmixer kurz aufmixen und mit Salz, Pfeffer und Zitronenschale würzen. Die Sauce warm halten.

3. Inzwischen die Penne nach Packungsanweisung in reichlich kochendem Salzwasser bissfest garen. Den Spinat verlesen, waschen und trocken schütteln.

4. Die Penne in ein Sieb abgießen, abtropfen lassen und unter die Sauce rühren. Den Spinat unterheben und die Pasta auf tiefe Teller verteilen. Mit Walnüssen bestreut servieren.

Gemüse-Spaghetti
mit Tomatensugo

FÜR 2 PERSONEN
ZUBEREITUNG: 25 MIN.

200 g Vollkorn-Spaghetti
Salz
2 Möhren
1 Zucchini (ca. 150 g)
1 Knoblauchzehe
1 EL Olivenöl
1 Dose stückige Tomaten (ca. 200 g)
1 TL getrocknete Kräuter der Provence
Pfeffer aus der Mühle
je 3 Stiele Petersilie und Basilikum

1. Die Spaghetti in reichlich kochendem Salzwasser nach Packungsanweisung bissfest garen. Währenddessen die Möhren putzen und schälen, die Zucchini putzen und waschen. Beide Gemüse mit dem Sparschäler längs in dünne Streifen – ähnlich wie Bandnudeln – schneiden. Die Gemüsenudeln etwa 3 Minuten vor Ende der Garzeit mit ins Nudelkochwasser geben. Anschließend alles in ein Sieb abgießen und gut abtropfen lassen.

2. Inzwischen den Knoblauch schälen und in dünne Scheiben schneiden. Das Olivenöl in einem Topf erhitzen und den Knoblauch darin kurz andünsten. Die Tomatenstücke und Kräuter der Provence dazugeben und alles offen bei schwacher Hitze 5 bis 7 Minuten köcheln lassen. Mit Salz und Pfeffer würzen. Die Kräuter waschen und trocken schütteln, die Blätter abzupfen und fein hacken.

3. Die Gemüsenudeln mit der Hälfte des Tomatensugos mischen und auf tiefe Teller verteilen. Den übrigen Tomatensugo daraufgeben und mit den Kräutern bestreut servieren.

Noch schneller geht's mit dem Spiralschneider

Statt mit dem Sparschäler können Sie Möhren und Zucchini auch mit einem speziellen Spiralschneider in spaghettiähnliche Streifen schneiden und wie beschrieben in Salzwasser garen.

ECHT
EASY

Bandnudeln
mit Erbsen und Tiroler Speck

FÜR 4 PERSONEN
ZUBEREITUNG: 30 MIN.

80 g Parmesan (am Stück)
100 ml Milch
100 g Schmand
frisch geriebene Muskatnuss
150 g Tiroler Speck (in dünnen Scheiben)
300 g Erbsen (tiefgekühlt)
Salz
400 g breite Bandnudeln oder Pappardelle
300 ml heller Kalbsfond
1 Bund Petersilie
weißer Pfeffer aus der Mühle

1. Den Backofen auf 140 °C vorheizen. Den Parmesan in kleine Stücke schneiden. Die Milch mit dem Schmand und etwas Muskatnuss in einem kleinen Topf auf 60 bis 70 °C erhitzen, den Parmesan dazugeben und 20 bis 30 Minuten darin ziehen lassen.

2. Den Speck auf ein mit Backpapier belegtes Backblech legen und im Ofen auf der mittleren Schiene etwa 20 Minuten kross backen. Herausnehmen und abkühlen lassen.

3. Währenddessen die Erbsen in kochendem Salzwasser etwa 5 Minuten blanchieren, in ein Sieb abgießen, kalt abschrecken und abtropfen lassen.

4. Die Bandnudeln in reichlich kochendem Salzwasser nach Packungsanweisung bissfest garen. Inzwischen den Fond in einer großen Pfanne aufkochen. Die Petersilie waschen und trocken schütteln. Die Blätter abzupfen und fein hacken. Die Parmesanmilch durch ein feines Sieb gießen, den Parmesan entfernen.

5. Die Bandnudeln in ein Sieb abgießen und abtropfen lassen. Zum Fond geben und darin schwenken. Die Erbsen, die Petersilie und die Parmesanmilch dazugeben, kurz köcheln lassen, mit Salz und weißem Pfeffer abschmecken.

6. Die Bandnudeln mit Erbsen und Sauce in tiefe Teller verteilen. Die Speckscheiben mit den Fingern zerbröseln und darüberstreuen.

Schön cremig!

Der Parmesankäse gibt beim Ziehen seinen Geschmack an die Milch ab. Mit dieser „Parmesanmilch“ erhalten die Nudeln eine sehr feine und dezente Parmesannote – ganz ohne Käsekrümel in der Sauce.

Die Spieße vorab kurz einweichen, dann geht das Fleisch leichter ab.
Street-food

Satéspieße
mit Erdnusssauce

FÜR 2 PERSONEN
ZUBEREITUNG: 30 MIN.

2 Knoblauchzehen
50 ml Fischsauce
ca. 110 ml Sojasauce
80 ml Sesamöl
300 g Hähnchenbrustfilet
10 g Ingwer
½ Stängel Zitronengras
ca. 2 EL Erdnussöl
200 g geschälte Erdnusskerne
Sweet-Chili-Sauce
100 ml Hühnerbrühe
200 ml Kokosmilch

1. Den Knoblauch schälen, 1 Zehe durch die Knoblauchpresse drücken, die andere Zehe in feine Würfel schneiden. Die Fischsauce und 100 ml Sojasauce mit dem Sesamöl und der gepressten Knoblauchzehe zu einer Marinade verrühren.

2. Das Hähnchenbrustfilet waschen, trocken tupfen und in lange Streifen schneiden. Diese wellenförmig auf vier oder acht lange Holzspieße stecken und in die Marinade legen.

3. Den Ingwer schälen und fein hacken. Vom Zitronengras ggf. die welken Außenblätter und die obere trockene Hälfte entfernen. Die andere Hälfte fein hacken.

4. In einem Topf 1 EL Erdnussöl erhitzen und die Erdnüsse darin anbraten. Den Knoblauch, den Ingwer und das Zitronengras dazugeben. Mit Sweet-Chili-Sauce bis zur gewünschten Schärfe würzen. Die Erdnüsse mit der Brühe ablöschen und mit der Kokosmilch aufgießen, einige Minuten kochen lassen. Dann mit einem Stabmixer pürieren und mit etwas Sojasauce abschmecken.

5. Das restliche Erdnussöl in einer Pfanne erhitzen. Die Spieße aus der Marinade nehmen, abtupfen und im Öl auf beiden Seiten goldbraun braten. Die Satéspieße mit der Erdnusssauce servieren und nach Belieben mit Petersilien- oder Korianderblättern garnieren.

Edle Varianten

Sie haben Lust auf Abwechslung? Dann können Sie anstatt des Hähnchens genauso gut z. B. Garnelen oder zartes Lammfilet auf die Spieße stecken.

Dreierlei Frikadellen

Frikadelle, Bulette, Fleischpflanzerl oder Fleischküchle – viele Namen für ein und dasselbe: ein gewürzter, mit Brötchen, Ei oder Quark gebundener Hackfleischteig, der zwischen den Händen geformt und gebraten wird. Schmeckt mit allen Fleischsorten und sogar mit Fisch.

Frikadellen

ganz klassisch

1. Für 8 Frikadellen 1 kg Rinderhackfleisch mit 1 Ei, 1 eingeweichten Brötchen, 1 fein geschnittenen Zwiebel, 1 TL Senf und 1 EL gehackter Petersilie in eine Schüssel geben.

2. Die Masse mit Salz, Pfeffer, 1 Prise Muskatnuss und getrocknetem Majoran würzen und gründlich verkneten.

3. Aus der Hackfleischmasse mit angefeuchteten Händen 8 Frikadellen formen. In einer Pfanne 5 EL Öl erhitzen und die Frikadellen darin etwa 4 Minuten anbraten.

4. Dann wenden und die Frikadellen auf der anderen Seite 4 Minuten fertig braten. Aus der Pfanne nehmen und auf Küchenpapier abtropfen lassen.

Geflügelfrikadellen
mit Kokospanade

FÜR 2 PERSONEN
ZUBEREITUNG: 20 MIN.

200 g Gemüse (z. B. Lauch, Möhren, Staudensellerie, Fenchel) · 250 g Geflügelhackfleisch (z. B. Hähnchen oder Pute) · 2 EL feine Haferflocken
50 g Speisequark (Fettstufe nach Belieben) · 1 EL Sojasauce
Salz · Pfeffer aus der Mühle
2 EL Kokosraspel · 2 EL Rapsöl

1. Das Gemüse putzen und waschen bzw. schälen. In grobe Stücke schneiden und anschließend im Blitzhacker fein zerkleinern.

2. Das Geflügelhackfleisch mit Gemüse, Haferflocken, Quark und Sojasauce mischen und mit Salz und Pfeffer würzen. Mit angefeuchteten Händen aus der Hackmasse 4 Frikadellen formen und in den Kokosraspeln wenden, dabei die Raspel fest andrücken.

3. Das Öl in einer Pfanne erhitzen und die Frikadellen darin bei mittlerer Hitze auf jeder Seite 3 Minuten braun braten. Noch etwa 5 Minuten auf der abgeschalteten Herdplatte ziehen lassen, danach servieren.

Das Tolle daran ist
die Füllung darin!

Kalbsfrikadellen

mit Tomaten-Koriander-Füllung

FÜR 4 PERSONEN
ZUBEREITUNG: 30 MIN.

3 Tomaten
½ Bund Koriander
2 Brötchen (vom Vortag)
500 g Kalbshackfleisch
2 Eier
2 EL Tomatenmark
4 TL Senf
Salz · Pfeffer aus der Mühle
ca. 60 g Weißbrotbrösel
2 EL Butterschmalz

1. Die Tomaten waschen, vierteln, entkernen und das Fruchtfleisch in sehr kleine Würfel schneiden. Den Koriander waschen und trocken schütteln. Die Blätter abzupfen, grob hacken und mit den Tomaten mischen. Einen großen Teller mit Backpapier belegen und mit dem Teelöffel 8 kleine Häufchen der Tomaten-Koriander-Mischung darauf platzieren. Den Teller ins Tiefkühlfach stellen – das erleichtert anschließend, die Füllung in die Frikadellen einzuarbeiten.

2. Für die Frikadellen die Brötchen in etwas Wasser einweichen. Das Hackfleisch in eine Schüssel geben. Die eingeweichten Brötchen ausdrücken und zum Fleisch geben. Die Eier, das Tomatenmark und den Senf dazugeben. Die Masse mit Salz und Pfeffer würzen und gut durchkneten. Die Hackfleischmasse je nach Konsistenz noch mit etwas Weißbrotbröseln binden.

3. Die angefrorene Tomaten-Koriander-Füllung aus dem Tiefkühlfach nehmen. Aus dem Fleischteig mit angefeuchteten Händen 8 Frikadellen formen, dabei jeweils 1 Portion der Füllung in die Mitte geben.

4. Das Butterschmalz in einer Pfanne erhitzen. Die Frikadellen darin bei mittlerer Hitze auf jeder Seite 4 bis 5 Minuten hellbraun braten. Dabei nur einmal wenden, damit sie schön Farbe annehmen und nicht zerfallen. Die fertigen Frikadellen nach Belieben mit Bauernweißbrot und etwas Tomatenketchup servieren.

Und was gibt's dazu?

Dazu passt ein warmer Mangoldsalat: 1 großen Mangold waschen, trocken schleudern und in Streifen schneiden. Kurz in kochendem Salzwasser blanchieren und abtropfen lassen. 1 Zwiebel (in Würfeln) in je 1 EL Sesam- und Olivenöl in einer Pfanne andünsten, Mangold dazugeben und kurz mitdünsten. Mit Salz und Pfeffer würzen.

SO
GUT

Rinderlende Strindberg

mit Zwiebel-Senf-Kruste

FÜR 4 PERSONEN
ZUBEREITUNG: 30 MIN.

200 g weiße Zwiebeln
4 Scheiben Rinderlende (à 180 g)
Salz · Pfeffer aus der Mühle
4 TL scharfer Senf
Mehl
½ Eigelb
2 EL Öl
1 Zweig Thymian
50 g Butter
2 EL Kalbsjus (ersatzweise Kalbsfond)

1. Die Zwiebeln schälen und in feine Würfel schneiden. Die Zwiebelwürfel kurz in kochendem Wasser blanchieren, in ein Sieb abgießen, kalt abschrecken und abtropfen lassen. Die Zwiebeln auf Küchenpapier ausbreiten und trocken tupfen.

2. Den Backofen auf 180 °C vorheizen. Ein Ofengitter auf die mittlere Schiene und darunter ein Abtropfblech schieben. Die Rinderlendenscheiben mit Salz und Pfeffer würzen und auf einer Seite mit etwas Senf bestreichen. Die Zwiebeln mit dem restlichen Senf, ½ EL Mehl und dem Eigelb mischen. Die Zwiebelmischung auf der mit Senf bestrichenen Fleischseite verteilen, festdrücken und leicht mit Mehl bestäuben.

3. Das Öl in einer Pfanne erhitzen und die Fleischscheiben auf der Zwiebelseite bei mittlerer Hitze goldbraun anbraten. Das Fleisch wenden und 1 bis 2 Minuten weiterbraten. Herausnehmen und auf dem Gitter im Ofen etwa 12 Minuten fertig garen. Den Backofen ausschalten, die Backofentür öffnen und das Fleisch etwa 4 Minuten ruhen lassen.

4. Den Thymian waschen und trocken tupfen. Die Butter in einer weiteren Pfanne zerlassen und den Thymian dazugeben. Die Fleischscheiben in die Pfanne geben und mehrmals mit der heißen Butter beträufeln.

5. Das Fleisch herausnehmen und auf vorgewärmte Teller verteilen. Das Fett aus der Pfanne abgießen und den Bratsatz mit etwas Wasser loskochen. Den Kalbsjus dazugeben, aufkochen lassen und zum Fleisch geben. Dazu passen Bratkartoffeln.

TEX-
MEX

Schweineschnitzel
im Nacho-Mantel

FÜR 4 PERSONEN
ZUBEREITUNG: 30 MIN.

8 Schweineschnitzel oder -medaillons (à 60 g)
200 g Nachos
2 Eier
1 EL Sahne
Salz · Pfeffer aus der Mühle
50 g Mehl
200 ml Öl
2 EL Butter

1. Die Schweineschnitzel zwischen zwei Lagen Frischhaltefolie vorsichtig flach klopfen. Die Nachos im Blitzhacker fein hacken. Die Eier und die Sahne in einem tiefen Teller verquirlen. Mit Salz und Pfeffer würzen.

2. Das Mehl und die Nacho-Brösel jeweils in einen tiefen Teller geben. Die Schnitzel zuerst im Mehl wenden, dann durch die Eiermischung ziehen und zuletzt mit den Nachos panieren, dabei die Brösel nur leicht andrücken.

3. Das Öl in einer Pfanne erhitzen. Die Schnitzel darin portionsweise auf jeder Seite je 2 bis 3 Minuten goldbraun ausbacken, dabei die Pfanne leicht hin und her schwenken, sodass das Fett über die Schnitzel schwappt.

4. Die Pfanne vom Herd nehmen und das Öl abgießen. Die Butter dazugeben und das Fleisch damit beträufeln. Auf Küchenpapier abtropfen lassen und mit wenig Salz würzen. Die Schweineschnitzel nach Belieben mit einer Guacamole (siehe S. 20) oder einer Tomatensalsa servieren.

Schonend im eigenen Saft gegart
FISCH AHOI!

Zanderfilet
mit Bohnen-Tomaten-Salat

FÜR 2 PERSONEN
ZUBEREITUNG: 30 MIN.

100 g weiße Bohnen (aus der Dose)
200 g Cocktailtomaten
1 kleine Zwiebel
4 Stiele Basilikum
Salz · Pfeffer aus der Mühle
2 Zanderfilets (ohne Haut, à 150 g)
2 TL Olivenöl
2 Knoblauchzehe
2 TL scharfer Senf
150 g Naturjoghurt
4 EL Gemüsebrühe
2 EL geriebener Parmesan
Worcestershiresauce
Cayennepfeffer

1. Die Bohnen auf einem Sieb abbrausen und abtropfen lassen. Die Tomaten waschen und vierteln. Die Zwiebel schälen und in feine Ringe schneiden. Das Basilikum waschen und trocken tupfen, die Blätter von den Stielen zupfen und grob hacken. Die Bohnen mit den Tomaten, der Zwiebel und dem Basilikum mischen und mit Salz und Pfeffer würzen.

2. Den Backofen auf 100 °C vorheizen. Die Zanderfilets waschen und trocken tupfen. Auf ein Backblech legen, mit dem Olivenöl bestreichen und mit Frischhaltefolie bedecken. Im Ofen auf der mittleren Schiene 10 bis 12 Minuten gar ziehen lassen.

3. Für das Dressing den Knoblauch schälen und mit Senf, Joghurt, Brühe und Parmesan in einen hohen Rührbecher geben. Alles mit dem Stabmixer fein pürieren.

4. Das Dressing mit Worcestershiresauce, Salz und Cayennepfeffer abschmecken und unter den Salat mischen. Den Fisch mit Salz und Pfeffer würzen und mit dem Salat servieren.

LOW
CARB

Im Wok gedämpfter Kabeljau

auf Blattspinat

FÜR 2 PERSONEN
ZUBEREITUNG: 30 MIN.

200 g Blattspinat (frisch oder tiefgekühlt)
2 kleine Möhren
2 Kabeljaufilets (à 200 g)
1–2 Spritzer Zitronensaft
Salz · Pfeffer aus der Mühle
etwas gehackter Ingwer
etwas abgeriebene Schale von 1 Bio-Zitrone
2 Frühlingszwiebeln

1. Frischen Spinat verlesen, waschen und trocken schleudern, grobe Stiele entfernen. Tiefgekühlten Spinat auftauen lassen. Den Spinat auf einem Teller verteilen. Die Möhren putzen, schälen und mit dem Sparschäler in feine Streifen schneiden.

2. Die Kabeljaufilets waschen und trocken tupfen, mit Zitronensaft beträufeln und mit Salz und Pfeffer würzen. Auf den Spinat legen und den Fisch mit Möhrenstreifen, Ingwer und Zitronenschale belegen.

3. Ein Soufflèförmchen oder eine Kaffeetasse umgedreht in den Wok (oder einen großen Topf) stellen. Den Wok etwa 4 cm hoch mit Wasser füllen und das Wasser zum Kochen bringen. Den Teller mit dem Fisch auf die Form bzw. Tasse stellen, den Wok zudecken und den Fisch und das Gemüse 10 bis 12 Minuten dämpfen.

4. Die Frühlingszwiebeln putzen, waschen und in feine Ringe schneiden. Den gedämpften Fisch damit bestreuen.

Frisch ausgebacken am allerbesten
Heiß & süß

Quarkkrapfen
mit Mohn

FÜR 8 KRAPFEN
ZUBEREITUNG: 25 MIN.

2 Eier
200 g Mehl
2 EL gemahlener Mohn
2 TL Backpulver
150 g feinster Zucker
1 Pck. Bourbon-Vanillezucker
Salz
200 g Magerquark
Bittermandelaroma
Öl oder Frittierfett zum Ausbacken

1. Die Eier trennen. Die Eiweiße leicht schaumig schlagen. Mehl, Mohn, Backpulver, 100 g Zucker, Vanillezucker und ½ TL Salz in einer Schüssel mischen. Den Quark, die Eigelbe, die Eiweiße und ein paar Tropfen Bittermandelaroma dazugeben und alles zu einem glatten Teig verrühren.

2. In einer hohen Pfanne 5 cm hoch Öl oder Frittierfett erhitzen. Es ist heiß genug, wenn sich an einem hineingehaltenen Holzlöffelstiel Bläschen bilden. Mit zwei Esslöffeln 8 große Nocken formen und zunächst 4 Nocken bei mittlerer Hitze im Öl bzw. Fett unter mehrmaligem Wenden 5 bis 7 Minuten goldbraun ausbacken.

3. Die Krapfen mit dem Schaumlöffel herausheben und auf Küchenpapier abtropfen lassen. Den restlichen Zucker auf einen Teller häufen und die Krapfen darin wenden. Die zweite Portion genauso zubereiten. Die Quark-Mohn-Krapfen am besten lauwarm servieren.

Hits für Kids

Bunte Krapfen-Pops: ein Hit bei den Kindern! Dafür statt 8 große 20 kleine Krapfen herstellen, indem kleinere Teigportionen abgestochen und goldbraun frittiert werden. Die fertigen Mini-Krapfen aus dem Fett heben, auf Küchenpapier abtropfen und abkühlen lassen. Für den Zuckerguss in einer Tasse 125 g Puderzucker mit 1 EL Zitronensaft verrühren. So viel Zitronensaft tropfenweise dazugeben, bis ein gerade flüssiger Zuckerguss entstanden ist. Diesen nach Wunsch mit Lebensmittelfarbe färben. Die Krapfen auf Cake-Pop-Stiele oder Holzspieße stecken und bis zur Mitte in den Zuckerguss tauchen. Beim Herausheben etwas abtropfen lassen. Aufrecht in Gläser stellen, mit bunten Zuckerperlen bestreuen und den Zuckerguss fest werden lassen. Frisch servieren.

Mit jeder Art von Kompott ein Traum
Yummy!

Milchreis
mit Erdbeeren

FÜR 4 PERSONEN
ZUBEREITUNG: 30 MIN.

1 l Milch
Salz
250 g Milchreis
500 g Erdbeeren
1 Päckchen Vanillezucker

1. Die Milch mit 1 Prise Salz zum Kochen bringen, kurz von der Herdplatte nehmen und den Milchreis einrühren. Dann bei schwacher Hitze nach Packungsanweisung weich garen. Zwischendurch immer wieder gut durchrühren, damit sich der Reis nicht am Topfboden festsetzt.

2. Inzwischen die Erdbeeren waschen, die grünen Kelchblätter entfernen und die Früchte mit dem Vanillezucker kurz aufkochen.

3. Die Erdbeeren als Kompott zum Milchreis servieren oder die Früchte mit dem Stabmixer pürieren und als Sauce zum Milchreis genießen.

Milchreis mit Aprikosen

200 g geschlagene Sahne unter den abgekühlten Milchreis rühren. 300 g Aprikosen entsteinen, klein schneiden und unter den Reis rühren. Mit braunem Zucker abschmecken.

Kokosmilchreis-Sashimi

Milchreis statt in Milch in Kokosmilch kochen. Mit einem Löffel Nocken vom abgekühlten Milchreis abstechen, auf Tellern anrichten und mit Bananenscheiben belegen.

Rezepte A–Z

G

H

I/J

K/L

T

V/W

Z

IMPRESSUM

Kaiserstraße 14b
D-80801 München

ISBN 978-3-89883-664-7
1. Auflage 2017

Projektleitung: Katharina Wolf
Texte: Marianne Zunner
Lektorat: Katharina Wolf, Linh Nguyen, Martina Solter
Grafische Gestaltung: Julia Arzberger
Satz: Christopher Hammond
Fotografie: siehe Bildnachweis
Herstellung: Frank Jansen
Producing: Jan Russok
Druck & Bindung: optimal media GmbH, Röbel

Die ZS Verlag GmbH ist ein Unternehmen der Edel AG, Hamburg.
www.zsverlag.de | www.facebook.com/zsverlag

BILDNACHWEIS

Umschlag: Gölling, B.: o. l.; u. l., u. r.; Grossmann, M. & Schürle, M.: o. r.
Innenseiten: Brachat, O. : 17; Braun, S. : 136; Cigliatti, C. : 88; Eising Studio – Foodphotography & Video: 132; Eising, S. : 64; Gödke, C. : 26, 50, 76, 84, 112; Gölling, B. : 28, 66, 130; Grossmann, M. & Schürle, M. : 16, 42, 104, 122; Hoersch, J. : 58, 60, 62; Kirchherr, J. : 128; Knezevic, S. : 52, 94, 133; Kramp, A. & Gölling, B. : 72; Pachala, V. : 15; Schardt, W. : 2 (u.), 46, 48, 96, 102, 144; Schmidt, U. & Mader, S. : 36, 146; Schütz, A. : 10, 18, 23; Sporrer, B. : 4, 8, 24; Suedfels, T. : 21, 34, 78, 100, 106, 108; Theis, G. :12, 22, 44, 56, 65, 116, 140, 142; Timmann, C. : 38, 86, 98, 126; Walter, A.: 70, 92; Westermann, J.-P. : 2 (o.), 3, 20, 40, 68, 80, 81, 82, 89, 90, 91, 114, 120, 124, 138; Stockfood: Gräfer & Unzer/Rynio, J.: 14; Stockfood: Kooijman, P. : 110
Illustrationen: Shutterstock